GW00502986

Curso de Español para Extranjeros

VEN 3

Libro de Ejercicios

Francisca Castro Viudez
Agregada

Soledad Rosa Muñoz
Agregada

Fotografía Portada:
J. R. Brotons

Fotomecánica y Fotocomposición:
Fotocomposición Crisol, S. A.

Imprenta: Rogar, S. A.

© EDELSA/EDI 6
   Plaza Ciudad de Salta, 3
   28043 MADRID

   I.S.B.N.: 84-7711-052-2
   Depósito Legal: M. 14.201-1992

ÍNDICE Y REFERENCIA DE ILUSTRACIONES Y TEXTOS

- Hemos solicitado las autorizaciones correspondientes para la reproducción de los documentos que se indican. Agradecemos vivamente la concesión de dichas autorizaciones.
- La portada de VEN-3 (Libro del Alumno, Libro del Profesor y Libro de Ejercicios) reproduce un trabajo hecho por los alumnos de Diseño del Instituto de Bachillerato Príncipe Felipe de Madrid, bajo la dirección de la profesora Norka Martín del Río, sobre «Las Meninas» de Velázquez. Se encuentra expuesto en la Biblioteca del citado I. B., a cuya Directiva agradecemos que nos haya permitido su reproducción.

Escribe los adjetivos contrarios:

a) seguro _____

b) miedo _____

c) avaricioso _____

d) perezoso _____

e) puntual _____

f) educado _____

g) soberbio _____

h) vigoroso _____

Completa las frases con el verbo en el tiempo adecuado (PRETÉRITO IMPERFECTO / PRETÉRITO INDEFINIDO / PRESENTE DE INDICATIVO):

a) Como no (SABER) _____ a qué hora vendrías, he cenado solo y te he dejado la comida en el horno.

b) Siempre que (PODER) _____, me escapo un día a la playa.

c) Como (SER) _____ ya las nueve de la noche cuando (TERMINAR) _____ el trabajo, no pude comprar nada para la cena.

d) Siempre que (SALIR) _____ de viaje, tenía la costumbre de llamarme por teléfono.

e) Al principio de su matrimonio, siempre que Ana (ABRIR) _____ la boca para hablar, Camilo le (DECIR) _____ que se callara.

f) Como Juan (SER) _____ muy pequeño cuando su padre (MORIR) _____, no tiene ni idea de cómo (SER) _____, sólo sabe lo que su madre le ha contado.

g) Como no (TENER) _____ dinero, no puedo comprarme el disco que (TENER) _____ pensado.

h) Nosotros, siempre que (TENER) _____ algún problema con Hacienda, llamamos a Antonio para que nos lo arregle.

i) Como no (SABER) _____ bien dónde estaba la casa, preguntaron varias veces antes de llegar.

3 Escribe algunas frases sobre la frecuencia con que alguna gente:

— come fuera de casa — bebe vino

— va al dentista — va a la discoteca

— se compra un coche nuevo — coge el metro/tren

— va a la peluquería

En cada frase, cambia el sujeto:
Ej.: *Nosotras cenamos fuera de casa una vez a la semana.*

4 Formula la pregunta:

Ejemplo: A. *¿Sigues escribiendo novelas?*
B. *No, ahora sólo escribo en el periódico.*

a) A. ¿ _____ ?
   B. No, ahora salgo con M.ª Isabel.

b) A. ¿ _____ ?
   B. No, ahora viajo mucho menos.

c) A. ¿ _____ ?
   B. No, ahora ya no fumo.

d) A. ¿ _____ ?
   B. No, ahora trabajo en un banco.

e) A. ¿ _____ ?
   B. No, ahora voy a otro restaurante que está cerca del banco.

5 Escucha a Andrés Pérez y su hijo y completa la información:

1. Cuando el padre era pequeño no había _____ .

2. Las madres ahora _____ pero antes _____ .

3. El Instituto estaba _____ y Andrés iba _____.

4. Los profesores del Instituto eran _____. Algunas veces _____.

5. A mediodía, Andrés, unas veces _____ y otras veces _____ en casa.

6. Por la noche al padre de Andrés le gustaba _____ y a Andrés _____.

 Completa con SER o ESTAR en el tiempo adecuado:

1. A. ¿Cuánto _____ ?
   B. _____ 800 pesetas.

2. A. ¿Usted sabe dónde _____ la reunión de químicos?
   B. Sí, creo que _____ en la sala 3.

3. Mérida _____ a unos 300 kilómetros de Madrid.

4. A. Por favor, ¿_____ muy lejos la calle Sorolla?
   B. No señor, la segunda a la derecha _____ la calle Goya y la que viene, la calle Sorolla.

5. A. ¿A cuántos _____ hoy?
   B. A siete.

6. A. ¿Qué día _____ hoy?
   B. Miércoles.

7. A. Hola, ¿a cuánto _____ hoy los tomates?
   B. A doscientas el kilo.

8. La fiesta de san Isidro _____ el día 15 de mayo.

9. Miren, aquí _____ donde vivió y murió Felipe Trigo.

10. ¿_____ limpia la camisa de rayas azules?, la necesito para esta noche.

11. La farmacia _____ al lado del Banco Central.

12. Yo no _____ nerviosa, lo que pasa _____ que no he dormido bien y _____ de mal humor.

13. _____ un chico muy alegre, siempre _____ contento.

14. Lo siento, tengo que irme, _____ muy tarde.

15. Las verduras _____ muy buenas porque no engordan tanto.

16. Mamá, ¡qué ricos _____ los macarrones!

17. No puedo tomarme el café, _____ demasiado caliente.

18. La película _____ bastante buena, pero no _____ bien dirigida.

19. A. Y tu padre, ¿cómo _____?
    B. Muy bien, ya _____ bueno del todo.

20. _____ mejor que vayamos a cenar a tu casa, _____ más cerca del trabajo.

7 Este fragmento pertenece a una entrevista hecha a Carmen Maura, una actriz española muy famosa. En él, Carmen habla de su infancia. Escribe el verbo que hay entre paréntesis en el tiempo adecuado del pasado.

P. En una película sobre tu vida, ¿qué imágenes destacarías?

R. Una infancia muy feliz, en esa España de posguerra con tantas dificultades, pero en la que, en algunos aspectos, los niños (ESTAR) ____1____ más protegidos de las agresiones. (VIVIR) ____2____ en la calle Rafael Calvo, mi colegio (ESTAR) ____3____ en la Castellana, me (PONER, ellos) ____4____ un uniforme azul, mis coletas, (SER) ____5____ un colegio de monjas pero no muy estricto, y me (ENROLLAR) ____6____ bien con las misas, los rosarios y esas cosas. (SER) ____7____ una niña que se (AMOLDAR) ____8____ bien. Mi padre (SER) ____9____ médico; mi madre, sus labores, (SER) ____10____ una casa muy normal, los niños (TENER) ____11____ muchas menos cosas que ahora, pero no (SABER) ____12____ lo que era tener otras. Sin embargo, (VIVIR) ____13____ la llegada de la Coca-Cola, nunca lo olvidaré, porque a mí la Coca-Cola me (MARCAR) ____14____ mucho en la vida, me encanta. Me acuerdo hasta de los olores: mis abuelos nos (SENTAR) ____15____ a mi hermana y a mí en un bar de El Escorial para probar «una bebida nueva que han traído los americanos». Y a mí, aquello que (VENIR) ____16____ de América... (HACER) ____17____ Preuniversitario en el Colegio Mayor San Pablo, y esto es importante porque (SER) ____18____ la primera vez que (IR) ____19____ a clase con chicos y, al principio, no (SABER) ____20____ desenvolverme; después de tres o cuatro meses ya (ESTAR) ____21____ llena de amigos y también a mí me (DEJAR) ____22____ rosas en el pupitre y me (ESCRIBIR) ____23____ poesías, como a las rubias. (ESTUDIAR) ____24____ después en una escuela intérprete simultáneo de cabinas y una carrera de letras y el día que (HACER) ____25____ el último examen (CASARSE) ____26____ .

Lee este fragmento de una novela de Manuel Vázquez Montalbán y luego rellena las fichas de los personajes:

Se acercó a Carvalho y le tocó con los dedos las ojeras.

—Esas ojeras, hinchadas. Tiene fastidiado el hígado.

Le precedió hasta un despacho situado en un altillo del almacén. Pidió a una secretaria la dirección de la clínica Buchinger y se la dio a Carvalho. Con una enérgica consulta del reloj invitó a Carvalho a que le siguiera hasta el patio.

—Hay que tratar de envejecer con dignidad. Usted es más joven que yo, pero no mucho. No se conserva nada bien. Yo pensaba que los detectives privados hacían gimnasia, *jiu-jitsu*. Yo hago *footing* cada mañana por los alrededores de mi casa, en Pedralbes. Cojo un senderillo arriba y tris tras, tris tras, montaña arriba, hacia Vallvidrera.

—¿A qué hora?

—A las siete de la mañana.

—Yo a esa hora me levanto y me hago un par de huevos fritos con chorizo.

—No me diga. Pues, como le iba diciendo. Tris tras montaña arriba y luego tris tras, montaña abajo. Dos veces a la semana masaje subacuático. ¿Lo ha probado? Sensacional. Es como una trituradora de agua que va golpeando todo el cuerpo. Un chorro así, a toda presión. Luego una buena ducha escocesa. Te pones así frente al masajista, como si te fuera a fusilar. Póngase usted así, como yo estaba ahora.

Se apartó Planas tres metros y apuntó a Carvalho con una hipotética manguera.

—Desde esta distancia envían un manguerazo de agua tibia, especialmente a aquellas partes del cuerpo que conviene reducir, y luego el mismo chorro de agua fría. Te queda una circulación de la sangre estupenda. Y la buena circulación de la sangre ayuda a fundir la grasa. Usted tiene una espléndida figura, pero se le ven los fondos de grasa que debería eliminar. Sobre los riñones y el estómago. Ahí. Ahí duele. Un buen chorro chiiiiiiissss. Constancia. La clave del asunto. Luego no abusar de las bebidas. ¡Coño! Las dos... Me están esperando los publicitarios... ¿Alguna cosa más?

Los Mares del Sur

CARVALHO	PLANAS
Profesión	....
Aspecto físico	....
Ejercicios físicos	....
Opiniones	....

«Hay que envejecer con dignidad» dice Planas, y para él eso significa cuidarse físicamente, incluso con sacrificio. ¿Estás de acuerdo con él? Escribe una redacción exponiendo tu punto de vista sobre el tema: el culto al cuerpo y la juventud, tratamientos para rejuvenecer, cirugía estética, etc.

Lee el texto sobre el cuidado del clavel chino y después señala la respuesta correcta:

CLAVEL CHINO

Si vives en un clima con temperaturas moderadas y les proporcionas humedad suficiente, crecerán sanos.

Datos de interés

- Familia: *Compuestas.*
- Género: *Tagetes.*
- Especies mas comunes: *T. erecta., T. minuta y T. patula.*
- Nombre común: *Clavel chino.*
- Origen: *Continente americano, norte y sur.*
- Cultivo: *Fácil.*

Cuidados básicos

La mayor parte de estas plantas puedes cultivarlas en la terraza o en una ventana al sol. Son algo exigentes con el agua durante el verano, pero si no las dejas secarse te proporcionarán una abundante floración. Les gustan las temperaturas moderadas, entre 15 y 25º C. Un buen abono cada 15 días es imprescindible durante el crecimiento y floración.

Multiplicación

Esta planta se logra a partir de semillas que deberás sembrar al final del invierno si lo haces dentro de casa, o en el

verano si quieres sembrarlas directamente en el lugar definitivo. Cuando las trasplantes deberás elegir un *compost* a base de turba, y dejar una separación mínima de 5 cm entre una planta y otra.

Nuestro consejo:

Recuerda que para que florezcan en abundancia necesitan mucho sol.

Ana Roa

1. a) Necesita poca agua en verano.
   b) Necesita bastante agua en verano.
   c) No necesita agua.

2. a) Sólo crecen en el campo y jardines.
   b) Son plantas de interior.
   c) Son plantas exteriores y pueden cultivarse en balcones.

3. a) Necesita mucho calor.
   b) Necesita temperaturas bajas.
   c) Necesita temperaturas templadas.

4. a) Hay que echarle abono en determinados períodos .
   b) No necesita abono.
   c) Hay que abonarla durante todo el año.

5. a) Se reproducen mediante trasplante de esquejes de otra planta.
   b) Es muy difícil conseguir su reproducción.
   c) Se reproducen por semillas.

6. a) Se pueden sembrar muy juntos.
   b) Al sembrarlos, hay que separarlos un poco.
   c) Hay que dejar entre ellos, al menos 20 cm.

7. a) Necesitan estar a la sombra para echar flores.
   b) Necesitan estar al sol para florecer.
   c) Florecen en cualquier parte.

Completa las frases siguientes con un pronombre relativo y la preposición correspondiente (EN / DE / CON / A + EL / LA / LOS / LAS + QUE):

1. Manuel siempre habla del pueblo _____ vivió hasta los diez años.
2. El entrenador lanzó contra el árbitro duras acusaciones, _____ se desdijo posteriormente.
3. Hay muchas terrazas en verano _____ es difícil encontrar un sitio libre.
4. Lo que le pasa a María es que tiene dificultades familiares _____ no le gusta hablar.
5. Se pasa el día hablando de un novio _____ mantuvo relaciones durante tres años.
6. Ayer perdieron la copa ante el equipo _____ habían ganado los dos años anteriores.
7. Mantuvo con su jefe una larga conversación _____ hablaron del futuro de la empresa.
8. En mayo se celebrará un torneo de tenis _____ participarán los mejores jugadores del mundo.
9. Mira, aquél es J. Moix, el escritor catalán _____ estuvimos tomando copas en la entrega de premios.

Completa las frases siguientes con el pronombre correspondiente (YO, TÚ, ÉL, ELLA, ELLAS, ME, MÍ, TI, TE, LE, LO, SE, CONTIGO, CONMIGO):

1. A. Te quiero, ¿sabes?
   B. Y yo a _____ también.

2. A. Patrón, ¿qué hago?
   B. _____ queda _____ aquí y José que venga con _____ .

3. A. Llama a tu hermano y di _____ que para _____ traigo un regalo especial.

4. A. Tengo una buena noticia para ti, Elena.
   B. ¿Ah, sí?, ¿qué _____ han dicho de _____ ?
   C. Que seguramente _____ darán el trabajo.

5. Aquí traigo estas manzanas, ¿cuánto _____ dan por _____ ?

6. A. ¿Hablarás con tu madre?
   B. Sí, _____ _____ diré primero a _____ .

7. A. José es el responsable y de _____ depende todo.
   B. Y _____ , ¿qué hago?
   C. _____ tienes que obedecer _____ en todo.

8. A. ¿Qué van a tomar?
   B. _____ , una caña
   C. Y _____ también. Dos cañas, por favor.

9. A. ¿Tienes un minuto?, por favor , quiero hablar con _____
   B. Sí, sí, ven con _____ ; vamos a mi despacho.

10. A consecuencia del golpe, perdió el conocimiento, y tardó en volver en _____ más de tres horas.

Pon el verbo en imperativo. No olvides los pronombres necesarios.

1. (TENER, Vdes.) _____ paciencia, ya falta poco para terminar.

2. No (HABLAR, vosotros) _____ tan alto, por favor, me duele la cabeza.

3. Me imagino lo que ha pasado, no (CONTAR, tú) _____ (a mí).

4. No entiendo lo que me dices, (REPETIR, tú) _____ .

5. (CALLARSE, vosotros) _____ , no habéis parado de hablar en toda la tarde.

6. ¿Ya está el equipaje? ¿No? Pues (HACER, vosotros) _____ rápidamente, que nos vamos.

7. Los alumnos no saben hacer esa actividad. (EXPLICAR, tú a ellos) _____ más despacio.

8. Si os han hecho algo (DECIR, vosotros a mí) _____ .

9. (SALIR, ustedes) _____ rápidamente.

10. ¿Su pasaporte? No, no lo necesito (GUARDARSE, usted) _____ .

11. ¿Ha traído usted la partida de nacimiento? Pues (DAR, a mí) _____ , por favor.

12. ¿Que tiene un coche nuevo? No (CREER, tú) _____ , ayer lo vi con el de siempre.

¿Te gusta hacer test? Aquí tienes uno sobre el empleo del tiempo libre.

¿Sabe aprovechar su tiempo libre?

¿Ha repetido «me aburro» a lo largo del pasado verano? ¿Entra en letargo los fines de semana o padece la *depresión dominical*? Quizá todo lo contrario, espera casi ansiosamente la llegada del tiempo libre para no sólo descansar, sino disfrutar de mil y una ocupaciones, deportes y entretenimientos. ¿Cómo se lo plantea usted?

1. ¿En qué emplea más tiempo los fines de semana?
  a) Aprovecha para adelantar el trabajo atrasado.
  b) En actividades de lo más diverso, desde leer a hacer maquetas, estar con amigos o irse de pesca.
  c) Para ser sinceros, se pasa las horas delante del televisor.

2. Fuera del trabajo, ¿le divierte a usted alguna actividad?
  a) Prácticamente nada de lo que hace es divertido y gratificante.
  b) Sí, pero se organiza tan mal que casi nunca le da tiempo a nada.
  c) Suele practicar con regularidad un par de aficiones.

3. Se acerca un puente o unas pequeñas vacaciones. ¿Qué hace?

  a) Nada, deja que el tiempo pase y punto.
  b) Hace tantos planes y con tanta antelación que casi nunca se cumplen.
  c) Lo organiza unos días antes según el clima, sus amigos y lo que más le apetece.

4. **¿Qué significan para usted las aficiones?**
   a) Nada, no tiene.
   b) Casi un sufrimiento. Se agobia cuando no tiene tiempo y lo pasa mal cuando no logra el resultado que buscaba.
   c) Satisfacciones y entretenimiento.

5. **¿Qué supone para usted la jubilación?**
   a) Un drama, su trabajo es su vida.
   b) Una alegría, al fin va a tener tiempo para usted y sus cosas
   c) Un problema, ¿qué va a hacer con tanto tiempo libre?

6. **¿Cómo se distribuye diariamente las horas?**
   a) Cada día reserva un tiempo para su ocio.
   b) No para de trabajar de lunes a viernes.
   c) Intenta no aburrirse si le queda algo de tiempo libre.

7. **¿Tienen, en su caso, alguna relación ocio, esfuerzo y dedicación?**
   a) En absoluto, el ocio no tiene que requerir ningún esfuerzo.
   b) En cierta medida. Algunas cosas, para disfrutarlas y aprovecharlas bien exigen preparación.
   c) El ocio es casi un segundo trabajo que le agobia y agota.

Arturo y Blanca son una pareja de novios que han hecho este test y sus respuestas son éstas:

Arturo: 1.a	2.a	3.a	4.a	5.a	6.b	7.a
Blanca: 1.b	2.c	3.c	4.c	5.b	6.a	7.b

¿Crees que hacen buena pareja ? Haz de psicólogo y escribe un breve análisis del carácter de cada uno.

 Escucha y completa:

Señoras y señores, antes de comenzar nuestro viaje y con el fin de que todo vaya _____ voy a hacerles unas _____ .

En primer lugar, _____ colocar su equipaje _____ del autobús.

Deben llevar siempre los billetes y _____ a mano.

Al subir al autobús _____ el número de asiento (que figura) en su billete y ocupen ese mismo asiento _____ todo el viaje.

Saldremos _____ los días que tengamos que viajar, por eso _____ que hagan el equipaje con tiempo y no dejen de mirar en la habitación del hotel _____ antes de marcharse.

_____ no olvidar nada _____ en el autobús ni en la habitación del hotel.

Por último, en las visitas _____ , sigan al guía y vayan por donde él les indica, así evitaremos _____

Muchas gracias y feliz viaje.

Formula una pregunta adecuada a la respuesta:

1. A. ¿ _____ ?
    B. Desde hace cinco meses.

2. A. ¿ _____ ?
    B. En 1985.

3. A. ¿ _____ ?
    B. Dos años.

4. A. ¿ _____ ?
    B. Desde abril.

5. A. ¿ _____ ?
    B. Desde el verano pasado.

6. A. ¿ _____ ?
    B. Desde ayer.

7. A. ¿ _____ ?
    B. Un rato.

8. A. ¿ _____ ?
    B. Hace media hora.

De los siguientes pares de frases, una de las dos es incorrecta. Señálala y corrígela:

1. a) ¿Desde cuándo llegaste a este país?
    b) ¿Cuánto tiempo hace que llegaste a este país?

2. a) ¿Desde cuándo fumas?
    b) ¿Cuánto tiempo hace que fumaste?

3. a) ¿Cuánto tiempo hace que compras el coche?
    b) ¿Cuánto tiempo hace que compraste el coche?

4. a) ¿Desde cuándo estás en el paro?
    b) ¿Desde cuándo estuviste en el paro?

5. a) ¿Desde cuándo conociste a tu marido?
    b) ¿Cuánto tiempo hace que conoces a tu marido?

6. a) ¿Desde cuándo llevas gafas?
    b) ¿Cuánto tiempo hace que llevaste gafas?

Completa estos nombres de profesionales con el sufijo correspondiente (-ISTA, -ERO/A, -ANTE, -OR/A).

1. Telefon_____   5. Tax _____   9. Electric_____

2. Peluqu_____   6. Traduct_____   10. Jardin_____

3. Fontan_____   7. Enferm_____   11. Direct_____

4. Camar_____   8. Futbol_____   12. Econom_____

Escribe el verbo que va entre paréntesis en el tiempo y modo correspondiente:

1. Si (CREER) _____ que me voy a callar, se equivocan.

2. En caso de que no (ENCONTRAR) _____ un apartamento, tendremos que ir a un hotel.

3. Si (QUERER) _____ comprarte un piso, tendrás que pedir un préstamo hipotecario.

4. En caso de que nos (INTERESAR) _____ su oferta, le avisaremos sin falta.

5. Si no (ESTAR) _____ el médico en su casa, llámale al hospital.

6. Sólo utilizaría la tarjeta en caso de que el banco (ESTAR) _____ cerrado.

7. Hablaré sólo en caso de que me lo (ORDENAR) _____ el juez.

8. En caso de que (DECIDIR) _____ otra cosa, llámame.

Escucha la entrevista que le hacen a Araceli. Aquí tienes un resumen de lo que ella dice, pero con algunos errores. Reescribe el resumen corrigiendo los errores.

Araceli es enfermera y trabaja en un hospital privado. No le gusta nada su trabajo porque es muy duro y porque los enfermos son muy desagradecidos. El horario también es bastante duro. Trabaja diez horas diarias durante tres semanas al mes y la cuarta semana trabaja de noche. Además, tiene tres días libres a la semana. Lleva poco tiempo trabajando de enfermera, sólo seis años, pero le gustaría cambiar de hospital, por ejemplo, para trabajar en la UVI. También le gustaría dar charlas de Medicina preventiva.

Lee los anuncios y busca lo que te pedimos en las preguntas:

Se necesita cocinero/a-camareros, señoritas *office,* guardarropa, para sala bingo. Interesados, llamar tel.: 256 07 94. Horas oficina.

MENSAJEROS A.S.M.

Precisa mensajeros (coche o moto). Financiamos averías. Gasolina 400 pesetas diarias. Seguridad Social. Dirección 225 pesetas. Luis Cabrera, 28. Tel.: 413 30 64.

EMPRESA

multinacional necesita contable con experiencia mínima de dos años en plan contable, nóminas, seguros sociales, declaración impuestos, etcétera, y dominio de inglés, hablado y escrito. Sueldo a convenir. Interesados, enviar *curriculum vitae* a: Señorita Martín Sequeira, calle Núñez Morgado, 9, 28036 Madrid.

Peluquería señoras busca oficiala, alta Seguridad Social. Teléfono: 402 79 36.

Auxiliar detective, 2.000.000. Nómina. No se requiere título. Poseer coche, conducir moto. Dispuesto viajar. Escribir referencia P-ΛX. Apartado 40.014 Madrid.

Empresa bisutería busca representante para Madrid y provincia, con experiencia y dedicación total. Barcelona . (93) 235 24 00/235 24 09.

Urge aprendiz mecánico automóviles, edad 16 años. Puerto Rico, 3. Renault.

Urge oficial mecánico automóviles, agencia Renault. Tel.: 519 77 39.

Importante empresa en expansión necesita personal de 22 a 45 años. Se requiere: ser responsable, ambicioso, nivel cultural medio, dedicación completa y disponibilidad para viajar. Gastos de desplazamientos a cargo de la empresa (no es necesario poseer vehículo propio). Se ofrece: incorporación a empresa estable y de prestigio, trabajo de categoría, retribución media 130.000 pesetas, superables. Mínimo garantizado. Promoción a corto plazo (según valía). Las personas seleccionadas recibirán formación previa para el puesto a ocupar. Contrato mercantil. Superado el período de prueba, pasará a pertenecer a la plantilla de la empresa en Régimen General de la Seguridad Social. Llamar para concertar entrevista de 10 a 14 y de 17 a 20. Tel.: 431 32 01. Señorita Domínguez.

Profesionales electricistas, necesitamos oficiales todas categorías para incorporación inmediata. Llamar tel.: 423 56 61.

Necesítase profesor autoescuela. Tel.: (925) 51 17 11. Illescas, Toledo.

Necesítanse dependientes y cajeras para charcutería, con o sin experiencia. Tel.: 730 26 91.

Empresa constructora necesita aparejador para sus obras en Madrid. Requisitos: de 5 a 10 años de experiencia en obras. Condiciones económicas según valía. Llamar al tel.: 262 56 01/02, preguntar señorita Carmina.

Graduado Social, experiencia demostrable gestión, nóminas, cotización. Imprescindible manejo ágil ordenador. *Curriculum,* apartado 137. Alcalá de Henares. Madrid.

Empresa constructora dedicada a reformas necesita aparejador o decorador interiorista, con experiencia en realización de presupuestos y dirección de obra. Tel.: 447 64 77.

Se necesita representante para el sector de regalo informal y perfumería para las zonas de Madrid. Madrid-provincia y Guadalajara. Interesados, escribir a: A. Alepuz, calle Castillejos, 288. At. 2.ª 08025 Barcelona.

Tintorería necesita planchador, buen sueldo. Tel.: 462 24 01.

Necesitamos conductor, reparto, Colmenar Viejo. Tel.: 845 23 33.

Necesitamos dependiente tienda Colmenar Viejo. Tel.: 845 23 33.

Tornero primera, Paracuellos. Tel.: 658 09 57.

Peluquerías Hermanos de la Cuerda, precisan oficialas, ayudantas y aprendizas con experiencia. Tels.: 475 43 43/447 61 22.

1.   ¿Necesitan algún profesor?, ¿de qué?
2.   ¿Qué necesitan en la agencia Renault?
3.   ¿Qué condiciones le exigen al detective?
4.   ¿Les pagan la gasolina a los mensajeros?
5.   ¿Qué condiciones económicas ofrecen al aparejador?
6.   Buscan dos representantes en dos anuncios diferentes. ¿Qué artículos tienen que vender?, ¿dónde trabajarán?
7.   ¿Cuántas categorías de peluqueras hay?
8.   ¿Quién tiene que mandar un *curriculum*?

9.   El anuncio más largo, ¿para qué crees que es?, ¿qué buscan?
10.   Haz una lista de los profesionales y categorías que aparecen en estos anuncios.

PROFESIONALES	CATEGORÍAS
decorador	oficiala

11.   Traduce a tu idioma o explica qué es:

sueldo a convenir	disponibilidad para viajar
retribución según valía	plantilla
experiencia	promoción
dedicación total/completa	período de prueba

14

En este artículo se habla de lo que cuesta encontrar un trabajo, aun después de haber terminado la carrera universitaria. Léelo y responde a las preguntas.

Trabajo

La última carrera

Trucos y técnicas para sobrevivir a una selección de personal para encontrar empleo

Baterías de pruebas, entrevistas o dinámicas de grupo son las nuevas técnicas de selección de personal que vienen arrasando y que pondrán a los candidatos entre la espada y la pared para encontrar el mejor entre los mejores.

Después de acudir a los anuncios de empleo de revistas, periódicos y publicaciones especializadas cargados de optimismo, títulos y cursos, los candidatos empiezan la otra carrera. Preguntas, *tests,* pruebas psicológicas, etcétera, son los que determinan su auténtica valía. Si pensaba que con el *cum laude* la cosa iba a ser fácil, nada más lejos de la realidad. Psicólogos estadounidenses de la Universidad de Colorado afirman que no existe relación entre el expediente académico y una posterior actividad laboral satisfactoria.

Junto a viejos y conocidos métodos como la entrevista personal, al candidato se le puede someter a varios tipos de pruebas. Algunas empresas exigen que se escriba la solicitud a mano, con el fin de realizar un examen grafológico que establecerá la relación entre la mente y la escritura, averiguando características como actividad, constancia, tendencia a la exhibición, celos, cólera, etcétera.

Cuando se comienza la dura tarea de buscar trabajo puede ser que la selección no la realice la empresa que demanda el puesto, sino una agencia de selección que sirve de filtro entre los candidatos y el contratante. Pero en España, a diferencia del extranjero, este tipo de agencias no pueden contratar al estar prohibido por ley; sólo sirven de canalizadoras. Otras empresas tienen su propio *consulting.*

Unos y otros hacen pasar al candidato por numerosas pruebas y, como en todo, «cada maestrillo tiene su librillo». Unos se decantan por la entrevista personal en primera instancia; después, las pruebas de personalidad, inteligencia y, si fuera necesario, la dinámica de grupo. Una de las últimas innovaciones entre el amplio abanico de posibles pruebas es la informática. El psicólogo de la Siemens Heinz W. Krenzig ha desarrollado un sistema informático en el que el candidato simula ser gerente de una empresa. El resultado final refleja su capacidad de decisión y coordinación. Por supuesto que se despiden todos aquéllos que nunca se sentaron ante el teclado de un ordenador. Para el padre de la criatura, esta prueba elimina todo tipo de errores en los que puede caer un entrevistador. Pero en definitiva todos están de acuerdo en que hay que evaluar todo el conjunto de información.

La cosa cambia cuando se busca el primer empleo. Ante una oferta muy amplia lo primero es hacer una criba teniendo en cuenta el expediente académico o realizando pruebas que simplifican la selección.

Para el psicólogo Antonio Ruiz, la mayor presión psíquica la recibe el candidato en la entrevista personal. «Involuntariamente existe esa tensión inevitable por parte del que se ve observado. En los *tests* es más la presión física por el número de horas que se debe estar contestando».

Los pasos más normales seguidos por las empresas o *consultings* para la selección son, en primer término, una entrevista personal de 15 ó 20 minutos; después, una prueba de personalidad laboral y una de inteligencia. Si se pasan todas ellas se llega a una entrevista semiestructurada, como mínimo de 45 minutos, y si existen varios candidatos se hará una dinámica de grupo. En esta última, lo que menos importa es el tema a tratar, sino la postura que adopta cada uno de los participantes, cuáles son sus argumentos para convencer, si convence, quién razona, quién se limita a apoyar lo que otros dicen, quién grita, quién no deja de hablar, etcétera.

Toda esta cascada de *tests* no sólo se realiza para los que acceden a un puesto laboral, también se hacen este tipo de pruebas dentro de las empresas; es lo que se denomina «desarrollo personal». Sirven para conocer el potencial de sus empleados a la hora de realizar promociones. Las empresas juegan con muchos ases en la manga, se puede encontrar el caso de un ejecutivo que ha tocado techo; entonces se acude al *butplacement,* que no es otra cosa que recolocarle. Se le envía a un *consulting* y se le busca otro empleo de características similares; incluso, si presenta alguna deficiencia, los propios consultores le reeducan, y todos tan amigos.

Sonia González

1. ¿En qué consiste la «otra carrera»?
2. Enumera algunas pruebas que se suelen hacer a los candidatos a un puesto de trabajo.
3. ¿Por qué exigen en algunas empresas que se escriba la solicitud a mano?
4. ¿En qué consiste la prueba que ha inventado Heinz W. Krenzig?, ¿qué ventajas y desventajas tiene?
5. ¿Cuál es la expresión equivalente en tu idioma a «cada maestrillo tiene su librillo»?
6. ¿En qué consiste la dinámica de grupo y cuándo se utiliza?

1 Lee este texto acerca del comportamiento de los españoles en el hogar y después contesta a las preguntas:

Los españoles desearían mostrar más sus sentimientos y debilidades, según un estudio del Instituto de la Mujer

Los hombres españoles se resisten a planchar y lavar la ropa, nunca friegan el cuarto de baño y raramente colaboran en la limpieza de los cristales. Además, piensan que carecen de instinto para cuidar a sus hijos, pero les gustaría tener más facilidad para mostrar a las mujeres sus sentimientos y debilidades, según un estudio del Instituto de la Mujer realizado entre más de 1.400 hombres, que analiza la actitud de los españoles ante el cambio de papeles en el hogar, la planificación familiar, los sentimientos o los malos tratos. Los resultados muestran al hombre español dividido ante dos estímulos contrapuestos: la aceptación del cambio social y la permanencia de las estructuras y papeles familiares tradicionales.

Esa división se pone también claramente de manifiesto en el hecho de que el 46,2% de los encuestados creen que «las labores del hogar son cosas de mujeres». Opinión con la que se muestran en desacuerdo un 48,8%. El modelo tradicional que reprime la expresión de los sentimientos masculinos sigue vigente entre los españoles pero este estereotipo pierde fuerza, especialmente entre los jóvenes, en favor de una mayor desinhibición. El 63% de los encuestados afirman que «tienen miedo o vergüenza de que les vean llorar» y el 71% dice que el hombre debe «saber controlar sus emociones» pero, al tiempo, el 88% cree que «sería deseable que los hombres aprendiesen a mostrar sus sentimientos y debilidades. Ese porcentaje sube al 90% entre el grupo de edad de 18 a 24 años y desciende al 86% entre los mayores de 55 años.

«En general, cuando se le pide su opinión, el hombre se muestra partidario del igualitarismo, pero cuando tocas los puntos claves la situación sigue como siempre. Las actitudes igualitarias se quiebran especialmente en el punto de la atención a los hijos. El trabajo es igualmente importante para el hombre y para la mujer, pero esa afirmación general no implica que la mujer deba trabajar igual que el hombre, ni mucho menos que el hombre tenga que trabajar en la casa igual que la mujer, especialmente en lo que se refiere al cuidado de los hijos. Este tema no admite criterios racionales de reparto, sino que se orienta por el argumento del *instinto femenino* para cuidar de los hijos, instinto del que afirman *carece* el hombre», dice Pilar Escario, directora del estudio.

Las tareas en que los hombres participan menos pertenecen a la categoría básica de *fregar* y se caracterizan por su permanencia, son habi-

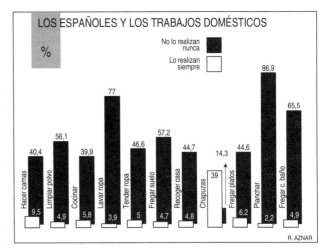

LOS ESPAÑOLES Y LOS TRABAJOS DOMÉSTICOS

tuales y de duración más prolongada. El 94% de los maridos y el 91% de los hijos encuestados está de acuerdo en que «cuando la mujer trabaja es justo repartir los trabajos domésticos entre los dos». No obstante el 87% confiesa que nunca plancha, el 77% jamás lava la ropa, el 72% no colabora en la limpieza de los cristales y un 66% reconoce que nunca friega el cuarto de baño. Es decir, apenas participan en las tareas de *mantenimiento* de la casa, como recoger, limpiar el polvo o lavar los platos.

Azucena Criado, Madrid

1. ¿Cuál es la actitud de los españoles que se refleja en la encuesta ante:

   a) la realización de las tareas domésticas.

   b) manifestación de los sentimientos.

   c) el cuidado de los hijos.

2. ¿Qué contradicciones se dan entre la teoría (lo que opinan los hombres españoles que debería ser) y la práctica, es decir, lo que realmente hacen?

Lee este texto sobre demografía española y completa el resumen:

Españolitos que vienen al mundo

La población española era de 38 millones de habitantes en el último Padrón de 1986. Ocupamos el puesto número 24 en el ranking de los países del mundo según su población, y somos el quinto de Europa.

Al ritmo al que crece la población actual, un 4 por 1.000 anual, llegaremos a los 40 millones en el año 1996 y a los 41,5 en el 2026. A partir de ese momento, si la fecundidad no ha aumentado, la población española comenzará a disminuir y volverá a estar en 38 millones en el 2050.

Además, España ha dejado de ser un país que enviaba trabajadores al extranjero, un fenómeno muy significativo en los años sesenta, y se ha convertido en un país que atrae inmigrantes en busca de empleo. En 1988 había 380.000 extranjeros legales en nuestro país y entre 200.000 y 300.000 ilegales.

Se han acabado también las migraciones internas que, en los años sesenta, trasladaron a la población desde el sur rural hacia el norte industrial, y desde los pueblos a las grandes ciudades. Ahora son muy escasos los movimientos de población de una región a otra y han aparecido fuertes tendencias a la «desurbanización»: los centros de las áreas metropolitanas disminuyen su población, que se dirige hacia los núcleos exteriores.

Además de ser el país europeo cuyos habitantes tienen mayor esperanza de vida (80 años para las mujeres y 73 para los hombres), España se distingue del resto de la CEE por tener la mayor tasa de paro (con diferencia) y la menor incorporación de la mujer al trabajo. Parece ser que vivimos más y trabajamos menos, ¿tendrá algo que ver?

Actualmente, la población española crece _____ al año y seguirá aumentando hasta el año _____ . A partir de ese momento, el número de habitantes empezará a _____ .

En los _____ existía una fuerte _____ a países extranjeros. Dentro de España, la emigración se producía desde _____ a _____ . Actualmente, sin embargo, España es un país que recibe a numerosos _____ . La gente de las grandes ciudades prefiere vivir _____ . Por una parte, España es el país europeo cuyos habitantes tienen _____ , pero también, el mayor índice de _____ .

«Vivimos más y trabajamos menos, ¿tendrá algo que ver?». Escribe un breve comentario sobre esta frase.

3 Escribe el verbo entre paréntesis en el tiempo adecuado (PRETÉRITO IMPERFEC-TO O PRETÉRITO PLUSCUAMPERFECTO DE SUBJUNTIVO Y CONDICIONAL SIMPLE O COMPUESTO):

1. Si me (HACER) _____ caso cuando te hablé de ese trabajo, ahora sería tuyo.

2. Si hubieras salido con tiempo de casa, no (PERDER) _____ el tren.

3. Si Amalia no (SALIR) _____ tanto, tendría más tiempo para estudiar.

4. Si (TENER) _____ dinero en estos momentos, ya nos habríamos trasladado de casa.

5. Si tiraras todas las cosas inservibles que tienes en casa, (TENER) _____ sitio para tu equipo de música nuevo.

6. Si María hubiera salido en el avión de las 10, como dijo, ya (ESTAR) _____ aquí.

7. Si hubiera hecho la tesis, (PODER, yo) _____ quedarme de profesor auxiliar en la Facultad.

8. Si Pedro y Ana (CELEBRAR) _____ la boda, seguro que nos habrían invitado.

9. Si Andrés (QUERER) _____ , nos casaríamos en agosto.

10. Te aseguro que si yo (PODER) _____ , te lo habría hecho, pero me fue imposible.

4 Completa las frases con la preposición adecuada (A / DE / EN / CON):

1. Tú dices que no es egoísta, pero a mí me da la impresión _____ que jamás piensa _____ los demás.
2. Es difícil _____ entender que, después de vivir aquí tanto tiempo, no conozca _____ casi nadie.
3. Todo lo que gana se lo gasta _____ cosas inútiles.
4. Por favor, ayúdame, no soy capaz _____ poner este chisme en marcha.
5. La solución de los problemas de muchos países no es fácil _____ corto plazo y depende _____ las ayudas que reciban _____ las demás naciones.
6. ¿Adónde vas _____ tanta prisa?
7. Sus éxitos han despertado la envidia _____ sus compañeros.
8. Se levantó _____ sillón y se acercó _____ la mesa.
9. La policía le pidió que describiera _____ ladrón.
10. Después de la tormenta, el campo olía _____ tierra mojada.
11. María se imaginaba _____ su madre contenta por la buena noticia.
12. No arreglas nada _____ tanto llorar.

5 Escribe el verbo entre paréntesis en la forma adecuada:

1. Es probable que, con el tiempo, los hombres españoles (SER) _____ menos machistas.

2. Es una pena que (SECARSE) _____ las plantas. ¿Es que no tenías a nadie que viniera a regarlas?

3. Es poco probable que (VOLVER) _____ a vernos pronto, la semana que viene me marcho fuera.

4. A. Es una pena que no (ENCONTRARSE) _____ bien y no (PODER) _____ venir con nosotros esta tarde al partido.

   B. No importa, es probable que lo (RETRANSMITIR, ellos) _____ por televisión.

5. Qué pena que tu hijo no (QUERER) _____ seguir con la fábrica de tu marido, tendrá que dirigirla un extraño.

6. Es probable que Silvia y Andrés (SALIR) _____ anoche a cenar, era su aniversario de boda.

7. Es una pena que no (PODER, vosotros) _____ venir el otro día a la verbena, nos lo pasamos estupendamente.

8. Han quitado el supermercado que estaba enfrente de casa, es probable que les (IR) _____ mal el negocio, pues siempre había poquísima gente comprando.

6 Escucha la conversación entre estos novios que van a casarse y luego responde a las preguntas:

1. ¿Adónde van primero?

2. ¿Qué le preocupa al novio?

3. ¿Qué documentos tienen que presentar?

4. ¿Les falta alguno? ¿A quién?

5. ¿Dónde hay que solicitar un certificado de residencia o empadronamiento?

6. ¿Van esa misma mañana a solicitar ese certificado? ¿Por qué?

7. ¿Cómo se siente el novio?

8. ¿Cuándo les gustaría casarse?

9. ¿Qué días se celebran bodas en los juzgados?

10. ¿Adónde van de viaje de novios?

7 Completa con los pronombres adecuados: SE, LES, LE, LOS, ÉL, NOS, LA, (un pronombre en cada espacio):

1. No sabía dónde estaba o quizás ___ ___ había olvidado.

2. _____ acompañé a su casa porque pensé que si ella iba, todo sería más fácil.

3. Los pasteles ___ ___ comieron todos en un santiamén.

4. El florero _____ cayó y arrastró tras _____ todo lo que había en la estantería.

5. Juana es muy sensible y aquel suceso _____ hizo mucho daño.

6. Estamos esperando, cánta _____ algo, por favor.

7. Se levantó, cogió la mochila y ___ ___ cargó a la espalda.

8. Con el tiempo, todo _____ arregla.

9. A Antonio sólo _____ quedan vagos recuerdos de su infancia.

10. A María y a su hermana, la afición al teatro _____ viene de familia.

19

¿En qué son especialistas estos médicos?:

a) Dentista

b) Ginecólogo

c) Pediatra

d) Otorrinolaringólogo

e) Dermatólogo

f) Traumatólogo

g) Urólogo

h) Cardiólogo

i) Oculista/Oftalmólogo

Escribe el verbo entre paréntesis en Indicativo o Subjuntivo, según corresponda:

1. Se enfadan siempre que (DECIR, yo) _____ lo que pienso.

2. Es un gran actor, siempre que (ACTUAR) _____ tiene un gran éxito.

3. Iremos a la feria, siempre que (PORTARSE, tú) _____ bien.

4. Te diría la verdad, siempre que (PROMETER) _____ guardarme el secreto.

5. Cuando era pequeña, me llevaba una gran alegría siempre que (VENIR) _____ mis abuelos a casa.

6. Puede volver a conducir, siempre que lo (HACER) _____ durante el día y no más de tres horas seguidas.

7. Siempre que te (LLAMAR, yo) _____, me dices lo mismo.

8. Yo te prestaría el dinero, siempre que me lo (DEVOLVER) _____ a final de mes.

9. Tómese una de estas pastillas siempre que le (DOLER) _____ el estómago.

10. De acuerdo, puedes ir a esa fiesta, siempre que (ESTAR) _____ de vuelta antes de las tres.

Reacciona con ¡Ojalá...!:

1. El domingo próximo se juega la final de la Liga entre nuestro equipo y el Real Barcelona.
2. Andrés se ha enterado de sopetón de una mala noticia. Yo no pude hablar ayer con él.
3. Está ardiendo una casa. Hay gente dentro.
4. Me han ofrecido un trabajo estupendo, pero es necesario saber hablar chino y yo no sé.
5. Mi marido está trabajando en otra ciudad y yo voy a dar a luz de un momento a otro.

Lee este artículo sobre un antiguo y famoso restaurante de Madrid y luego responde a las preguntas.

Casa Botín

Es un hecho probado que los sitios masificados inspiran recelo, desconfianza. Falta de calidad, despreocupación en el servicio, alimentos que no están frescos, suelen ser algunas de las quejas habituales en aquellos restaurantes a los que la afluencia masiva de público suele ser indicativa de falta de selección.

No es el caso de Botín, el restaurante más antiguo de Madrid, fundado en 1725, lo que le valió salir en el libro Guiness de los récords. Esta casa, en la que se conserva la decoración con artesonados, azulejería y aparadores antiguos, da de comer diariamente a un promedio de 300 personas, que se distribuyen por los cinco comedores, a los que se accede por estrechas escaleras. Cuentan que los primeros turistas que llegaron a Madrid a finales de los cincuenta, además de preguntar por el Museo del Prado, querían saber dónde estaba Botín. Quizá lo pueda constatar Rafael Pérez Arnau, «maître» de este local desde 1950, así como su director y propietario, Antonio González. Ahora su hijo Antonio sigue dando de comer a turistas de todo el mundo, pero también a familias madrileñas que acuden los fines de semana a celebrar cualquier acontecimiento. También en Botín recala el solitario vecino del barrio, al que rápidamente se le sirve un vino y una tapita caliente recién salida de los fogones, mientras se comenta la última faena del Golfo o el gol de Hugo Sánchez.

Decir Botín es decir asados, porque, como muchos ya saben, la cocina de esta casa pone énfasis en el cordero y el cochinillo asados en el horno de leña, muy bueno este último con su piel dorada y corruscante, que protege la rosada y mantecosa carne.

Naturalmente hay otras ofertas: merluza al horno, almejas Botín, angulas —el plato más caro, a 3.600 pesetas—. Tampoco falta la archiconocida sopa de ajo con huevo, al reconfortador precio de 150 pesetas.

Nosotros hemos preferido un menú con entrante a base de estupendas croquetas de pollo y jamón y una morcilla de Burgos. Después atacamos el espléndido cochinillo y un aceptable solomillo con champiñones. Todo ello regado con un vino joven de la ribera del Duero, el Viña Pedrosa, que no está mal, pero quizá no es el mejor acompañante de platos tan rotundos. El precio fue, postre y café incluidos, 6.730 pesetas.

1. ¿Cuáles son las quejas habituales en los restaurantes masificados?
2. ¿Por qué figura la Casa Botín en el libro Guiness de los récords?
3. ¿Con qué equiparaban Casa Botín los turistas de los años cincuenta?
4. ¿Quién forma la clientela de este restaurante?
5. ¿Cuáles son las especialidades de la casa? Haz una lista.

5

Completa las frases con el verbo SER / ESTAR en el tiempo correspondiente:

1. A. ¿Tú _____ seguro de que _____ aquí donde se vende un piso?
    B. Sí, sí, seguro.

2. Vamos, chico, ya _____ la cena.

3. A. ¿Qué _____ de aquel chico que salía con Puri?
    B. No sé, _____ en el extranjero desde 1980.

4. A. ¿De cuándo _____ el periódico?
    B. De ayer.

5. A. ¿ _____ preparados?
    B. Sí, cuando quieras salimos.

6. _____ muy nublado. Esta tarde va a llover.

7. ¿Que te has peleado con Angel? Pero si _____ la persona más paciente y tolerante que hay en el mundo.

8. Esta televisión _____ una birria, _____ para tirarla a la basura.

9. El coche que yo quiero _____ uno que sale en la tele.

10. ¿No has visto la última película de Almodóvar? _____ de risa.

11. A. Y Juan, ¿no viene a la discoteca?
    B. No, _____ sin un duro.

12. A. No _____ bueno que comas tanto chorizo.
    B. Ya lo sé, pero, ¡ _____ tan bueno!

13. A. Y tu novio, ¿qué hace?
    B. _____ de camarero en el restaurante de su padre.

14. Estos zapatos _____ ya antiguos, pero _____ completamente nuevos.

15. A. ¿Qué te parece la falda que me he comprado, ¿cómo me _____ ?
    B. Yo creo que te _____ estupendamente.

6

Completa el texto con palabras del recuadro:

cirujano	hospital (2)	operado	pacientes
quirúrgicas	cirugía	convalecencia	dado de alta
recuperación	intervención		

Deja el quirófano y corre

Operarse va a dejar de ser una excusa para quedarse a vivir en el ___1___ durante un plazo más o menos largo. Con medidas de protección integral, el paciente podrá realizar la mayor parte de su ___2___ en su propia casa, en un ambiente familiar y cómodo y lejos de los riesgos de infección intrahospitalaria, que cada día son mayores.

Al menos, ese es el objetivo del programa que el Insalud ha estado experimentando durante dos meses en el ___3___ «San Millán», de Logroño, y que ha permitido a 52 ___4___ dejar el centro sanitario a las 24 horas de ser intervenidos quirúrgicamente para recuperarse en sus propios domicilios.

La experiencia ha constituido un éxito rotundo, lo que viene a aconsejar su implantación en la red hospitalaria pública en un plazo inmediato. El informe realizado por los doctores Hebrero y Vizcaíno, responsables del Plan de ___5___ de Corta Hospitalización, subraya que ninguno de los 52 pacientes operados ha presentado complicaciones posteriores que motivaran el reingreso. Tan sólo en una ocasión se hizo necesaria la asistencia ambulatoria a uno de los intervenidos por presentar un punto infectado, circunstancia que bien pudiera calificarse como anecdótica.

La ___6___ se efectúa inmediatamente al ingreso. A la mañana siguiente, el paciente es ___7___ tras un seguimiento minucioso posoperatorio inmediato. Al filo del mediodía, el ___8___ llama por teléfono al domicilio del intervenido para comprobar su estado y recibir noticias sobre posibles novedades. Se abre así una «línea permanente» con el médico, al que se podrá llamar en cualquier momento, sea por dudas o por complicaciones.

Un facultativo del Servicio de Cirugía efectuará posteriormente una visita a domicilio, a fin de comprobar «in situ» el desarrollo de la ___9___ dentro de los tres días siguientes a la intervención. Si todo transcurre a satisfacción, el ___10___ deberá acudir transcurrida una semana a la consulta para que le sean retiradas las suturas.

Según las conclusiones del programa, este ensayo podría aplicarse a un promedio de 300 intervenciones ___11___ al año sólo en ese hospital. La supresión de los siete días de convalecencia que, generalmente, viene dispensándose a estas operaciones supondría para la Seguridad Social un ahorro de 47 millones de pesetas, teniendo en cuenta que el costo medio de una cama hospitalaria se sitúa en torno a las 26.000 pesetas diarias.

Sin embargo, estas ventajas económicas son irrelevantes si se comparan con la mejora en la calidad de vida y en el bienestar de los pacientes, a quienes se facilita la recuperación en su propio entorno.

Reproducido con autorización del diario ABC, de Madrid

7 A. Lee estos consejos que te dan en una revista y busca en el diccionario las palabras que no conozcas:

FARMACIA

Botiquín de viaje

Siempre es conveniente llevar en el coche un botiquín con el material básico necesario para hacer frente a cualquier eventualidad.

Como el espacio del que se dispone en el coche es más reducido que el de la casa, conviene prescindir de todo lo innecesario y llevar sólo lo realmente esencial.

En muchas farmacias se encuentra a la venta el botiquín-tipo para viajes.

También vale una simple caja que contenga el siguiente material:

- **Loción antiséptica.**
- **Pinzas, tijeras e imperdibles.**
- **Tiritas de distintos anchos.**
- **Vendajes de distintos tamaños y formas: triangulares, enrollados...**
- **Compresas estériles.**
- **Algodón.**
- **Alcohol.**
- **Pastillas antimareo.**
- **Gasas absorbentes.**
- **Linterna de bolsillo.**
- **Manual de primeros auxilios.**
- **Caja de pañuelos de papel.**
- **Analgésico.**
- **Esparadrapo.**

B. Imagina que estás de viaje por España y tienes un pequeño contratiempo.

¿Qué necesitarás comprar en la farmacia

a) si te has cortado al abrir una lata?

b) si te mareas habitualmente cuando viajas?

c) si tu hijo se ha caído y se ha hecho una herida?

d) si te has clavado una espina?

e) si te duele la cabeza?

Angel y Susana están haciendo la lista de la compra para el domingo. Escucha atentamente, y luego responde a las preguntas.

A. De estas cosas, ¿qué tiene que comprar Angel?

B. Confecciona el menú que van a poner.

C. En parejas, elabora un menú, con la lista de compra correspondiente. Podéis hacer un menú para vegetarianos, o para una fiesta importante, o para adelgazar, según vuestros gustos.

1 Completa el texto con las palabras del recuadro:

atracar	despedir	aeropuerto
aparato	despegar	ventanilla
aterrizar	despedida	zarpar
cubierta	muelle	

Oye Elena, ¿a ti te gusta viajar en tren?

Oh, no, me gusta mucho más viajar en barco, las despedidas desde las ___1___ de los trenes me ponen triste. Sin embargo, cuando subes a un barco, es muy distinto, la gente se agolpa en el ___2___ , saca sus pañuelos y cuando el barco ___3___ , todo el mundo los agita en el aire. Los viajeros en la ___4___ del barco hacen lo mismo, parece que todos ___5___ a todos. Al ___6___ en otro puerto, a la llegada se repiten los saludos.

¿Y qué me dices del avión, te gusta volar?

No, paso mucho miedo cuando el avión ___7___ y ___8___ . Además, las ___9___ no son tristes como en los trenes ni alegres como en los barcos, sencillamente no hay, ¿cómo puede uno despedirse dos horas antes de salir, sin ver desde el ___10___ a nadie? Y además, los ___11___ son tan impersonales...

2 Lee el folleto de Castilla-La Mancha y luego responde a las preguntas.

Castilla-La Mancha:
Morado, Púrpura y Grana

Esta Semana Santa descubre Castilla-La Mancha. Y de Castilla-La Mancha, Cuenca. Ven a disfrutar junto a tu familia o amigos, de su Semana grande. Su Semana Santa.

Encapuchados e imágenes laceradas que desfilan, incansables, por las empinadas calles de la ciudad. Sentimiento, color y misterio.

Y así, día a día.

Para aguantar el tipo, algo muy típico de estas fechas, el «ajo arriero» o los golosos «alajú», todo ello acompañado de esa dulce bebida que llaman «resolí».

Pero, si te seduce más la idea de vivir la Semana Santa entre toques de tambor, acércate entonces a los pueblos de Hellín y Tobarra (provincia de Albacete), donde se celebra la famosa Tamborada.

Miles de tambores suenan a un tiempo con fuerza y hasta con coraje, entre túnicas que se mueven al ritmo de toques tan típicos como el Racataplá. Puedes incluso sumarte a la fiesta, que algunos aseguran se remonta al año 1332, y vivir siglos de tradición.

Y si prefieres transportarte a aquellos mágicos tiempos de capa y espada, visita Almagro (muy cerca de Ciudad Real), donde, además, el día de Viernes Santo, podrás rememorar los tiempos de los romanos, cuando contemples la procesión de «los Armaos», que debe su nombre al uniforme que visten los cofrades.

Castilla-La Mancha te ofrece también el misticismo y el lirismo propio de estas fechas. En Albatana (Albacete), cuya representación del prendimiento, pasión y muerte de Jesús te recordará,

sin duda, a los ancestrales Autos de Pasión.

Pero, además, en toda la Región podrás disfrutar de la amabilidad y hospitalidad de sus gentes. De la vistosidad de sus paisajes. Y de los siglos y siglos de historia que encierran sus ciudades y monumentos.

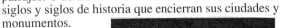

Junta de Comunidades de
Castilla - La Mancha

Semana Santa en Castilla-La Mancha, donde la historia cobra vida.

1. ¿Qué es una procesión? ¿Sabes cómo se celebra la Semana Santa en numerosas ciudades y pueblos de España?

2. ¿Qué lugares te invita a visitar este folleto turístico? Enuméralos.

3. Escribe al lado de cada uno de ellos lo que más les caracteriza y lo que se puede visitar.

4. Trata de explicar el título «morado, púrpura y grana».

5. ¿Qué quiere decir la frase «donde la historia cobra vida»?

6. ¿Te resultan interesantes o atractivas estas celebraciones? ¿Por qué? ¿Te gustaría visitar estos lugares?

Escribe el verbo en el tiempo correspondiente, en Subjuntivo:

1. A. ¡Qué raro!, anoche llamé a Inés y no contestaba.
   B. Lo más seguro es que (ESTAR) _____ en casa de la vecina, va muchos días.

2. A. No encuentro el libro de Historia de España por ningún sitio.
   B. Lo más seguro es que lo (DEJAR) _____ en clase.

3. A. Anoche el niño se despertó llorando varias veces, no sé qué le pasaba.
   B. Lo más seguro es que (CENAR) _____ demasiado.

4. A. Falta sólo media hora para la salida del avión y todavía no nos han dicho cuál es nuestra puerta de embarque.
   B. Lo más seguro es que (HABER) _____ algún retraso en la salida.

5. A. Le dije al carpintero que quitara las puertas para arreglarlas y no lo ha hecho.
   B. Bueno, lo más seguro es que no (HACER) _____ falta quitarlas.

Transforma las frases como en el ejemplo, poniendo el Infinitivo en el tiempo correcto de Subjuntivo:

Ejemplo: IR en avión porque es más rápido que el tren. (nosotros)
Es mejor que vayamos en avión porque es más rápido que el tren.

1. QUEDARSE en casa y no IR al apartamento este fin de semana. (nosotros)

2. FACTURAR el equipaje, en el coche no cabemos todos. (tú)

3. COGER la autopista, porque por la Nacional hay muchos camiones. (tú)

4. IR yo a casa de Lola, tú te vas a entretener mucho.

5. LLAMAR a una agencia de mudanzas para trasladar los muebles, nosotros no podemos con tantas cosas. (nosotros).

Termina las frases:

1. Mientras yo voy a comprar los billetes, _____

2. Mientras yo termino de arreglarme, _____

3. Mientras tú haces la comida, _____

4. Mientras yo quito el polvo, _____

5. Mientras Ana hablaba por teléfono, _____

Completa con la preposición correspondiente (A, PARA, POR, EN, DE):

1. Tienes que subir _____ autobús _____ la primera parada _____ la calle Velázquez y bajarte _____ la última, _____ Moncloa.

2. Cuando los viajeros bajaron _____ tren, su familia estaba esperándolos _____ el andén.

3. ¿ _____ qué hora sale _____ Santiago el tren _____ La Coruña?

4. Me encanta ver zarpar los barcos _____ atardecer.

5. Ha sido un viaje muy rápido, despegamos _____ Valencia _____ las 9 _____ la mañana y aterrizamos _____ Londres una hora y media más tarde.

6. Pensamos viajar _____ todo el mundo, iremos _____ coche, _____ tren, _____ barco, _____ avión.

7. _____ ir a Bilbao, ¿qué crees que es mejor, ir _____ la carretera o _____ la autopista?

7

Lee este fragmento de novela y luego responde señalando V o F:

Hacía tan sólo tres días de mi llegada y la gran propuesta consistió nada más y nada menos que en revisar íntegro el cable de la electricidad entre la mina y la zona residencial norteamericana. *De los Apeninos a los Andes*, señores, cruzando inmensos trozos de cordillera a caballo.) Claro que yo ni siquiera sabía montar a caballo, pero bueno, eso no se pregunta entre caballeros andantes. [...]

Pero pobre don Pancho. Yo creo que se quedó sin revisar el noventa por ciento de su cable eléctrico por andarme revisando a mí. A cada rato me decía baja, cuando había que bajar, pero yo insistía en lo mucho que me gustaba cabalgar por los Andes y en que para qué bajarme, por consiguiente. Y entonces él volvía a insistir en que mañana no iba a poder ni caminar, y yo volvía a insistir en que, en ese caso, mañana y el día siguiente y el subsiguiente y el resto de mis días, si era necesario, me los pasaría montando a caballo y nadie notaría que me había quedado andadura y andadera de vaquero nato en Texas, durante un rodeo. Y añadía un «fantástico», por si acaso el gringo del diablo se volviera a meter con mi manera de andar a caballo por esta vida.

Hasta que llegó la hora del almuerzo y de tomar agua y aguardiente, por lo del frío de puna que tanto me había hecho temblar a lo largo de toda la ascensión y que, ya de bajada al precipicio, al atardecer, se volvió tan intenso que hasta me temblaban el poncho y mi pobre caballo. Nos detuvimos ante un barranco propicio, y logré descabalgar recostándome en el cerro más alto del mundo. Resbalé y caí de culo, pero suavecito porque el brazo y media espalda los fui apoyando contra la ladera de cactus y piedras filudas, a medida que resbalaba. Pero bueno, ya estaba ahí, sentado y listo para el almuerzo. Y no pensaba moverme porque ese era un lugar ideal para pascanear un ratito, siempre y cuando me quitaran el caballo de encima, por supuesto.

Dos señoras conversan
Bryce ECHENIQUE

NOTAS
Andadura y andadera: forma de andar.
Nato: nacido.
Gringo del diablo: se refiere a don Pancho, norteamericano.
Puna: tierras altas de los Andes.
Filudas: afiladas.
Pascanear: hacer un alto, descansar.

	V	F
1. El protagonista/narrador se muestra entusiasmado con la propuesta de atravesar los Andes.		
2. Don Pancho está pendiente del protagonista durante todo el tiempo.		
3. Este no quiere bajar del caballo porque monta muy bien.		
4. Cada cierto tiempo dice «fantástico» para mostrar lo bien que se siente.		
5. Durante la subida y la bajada pasan mucho frío.		
6. Para bajar del caballo se apoya en una montaña escarpada.		
7. Se siente aliviado por poder hacer un alto y descansar un rato.		

8

Escucha, toma nota y responde a las cuestiones:

1. a) ¿En qué han quedado?
   b) ¿Cuándo?

2. a) ¿En qué ha quedado el jefe?
   b) ¿Por qué su empleado no está de acuerdo?
   c) ¿Por qué ha cambiado el jefe de idea?
   d) ¿En qué quedan finalmente?

3. a) ¿Por qué no se reúne con sus compañeros?
   b) ¿En qué habían quedado el viernes?
   c) ¿Qué deciden?

4. a) ¿Por qué uno de ellos no quiere preparar algo para tomar?
   b) ¿En qué habían quedado?
   c) ¿Qué hacen finalmente?

Forma las frases como en el ejemplo, con: A LOS/LAS, AL/A LA ... SIGUIENTE, AL CABO DE ..., ... DESPUÉS:

Ejemplo: Entró a trabajar en la empresa a los 16 años. Dejó la empresa a los 18 años.
Entró a trabajar en la empresa a los 16 años y al cabo de dos años, la dejó.

1. Se fue a EE.UU. en marzo de 1988.
   Volvió en junio de 1988.

2. Publicó su primera novela en 1975.
   Publicó su segunda novela en 1977.

3. Trabajó en el teatro hasta 1978.
   Hizo su primera película en 1980.

4. Ingresó en el hospital el 15 de mayo.
   Le operaron el 30 de mayo.

5. Se casaron el verano de 1980.
   Se separaron en 1981.

6. Nos dijeron que Andrés había muerto el jueves.
   El viernes lo vimos sentado en una cafetería.

Escribe el verbo que hay entre paréntesis en el tiempo y modo adecuado (no olvides que, en ocasiones deberás añadir pronombres):

1. Te llamé para que me (DAR) _____ el teléfono de Juanjo.

2. Salimos sin hacer ruido para que no nos (OIR) _____ los niños.

3. Todos los años vamos al balneario para (TOMAR) _____ las aguas medicinales.

4. Ha ido al médico para que le (RECETAR) _____ más antibióticos.

5. A. ¿Para qué (QUERER, tú) _____ ver a Juan?
   B. Para (CONTAR) _____ le por qué no fui con él al partido.

6. Quiere ver al jefe para (PEDIR) _____ que le suba el sueldo.

7. Abre la ventana para que (ENTRAR) _____ el aire.

8. No sé para qué (DECIR, tú) _____ eso delante de los niños.

9. A. ¿Para qué (VENIR) _____ Antonio anoche?
   B. Para que le (EXPLICAR, nosotros) _____ lo que sabíamos del accidente.

3 Transforma las frases siguientes en Estilo Indirecto:

1. «Llegaré tarde»
   Juan dijo que _____ .

2. «No vengas antes de las 6»
   Me dijo que _____ .

3. «Este verano vamos de vacaciones a Marbella»
   Los Martínez comentaron que _____ .

4. «¿A qué hora empieza el concierto?»
   Me preguntó que _____ .

5. «Espérame en la cafetería»
   Me dijo que _____ .

6. «¿Cuándo es la reunión del Departamento?»
   Ana ha preguntado que _____ .

7. «No hace falta que traigáis nada»
   Aseguró que _____ .

8. «Yo no he salido nunca de Irán»
   Afirmó que _____ .

9. «Ya he llevado al niño al médico»
   Ella dice que _____ .

10. «Terminaré ese trabajo cuando pueda»
    Me aseguró que _____ .

11. «Es posible que Juan ya esté en casa»
    Me dijo que _____ .

12. «Llámame en cuanto sepas algo»
    Me pidió que _____ .

13. «Eran las siete cuando ocurrió todo»
    Los testigos afirmaron que _____ .

14. «No quiero saber nada del asunto»
    Mi hermano me dijo que _____ .

15. «Préstame 10.000 pesetas»
    Mi hermano me pidió que _____ .

16. «Si trabajáis más, os subiré el sueldo»
    El jefe nos dijo que _____ .

4 Vas a oír tres historias contadas en Estilo Indirecto. Escúchalas y redáctalas en forma de diálogo.

5 Escribe el verbo en la forma adecuada (El texto está en pasado):

(ESCRIBIR-YO) ___1___ una carta a mi padre diciéndole que (PENSAR-YO) ___2___ invitar a unos amigos a pasar el verano conmigo, y que, si él no (IR) ___3___ a estar en Villavieja, que me (DEJAR) ___4___ el coche. También (ESCRIBIR-YO) ___5___ a Sotero proponiéndole que me (ACOMPAÑAR) ___6___ y, finalmente, (INVITAR-YO) ___7___ a Benito. Este me (HACER) ___8___ algunas preguntas, pero cuando le (HABLAR-YO) ___9___ de la biblioteca y de lo que (PODER-EL) ___10___ encontrar en ella, (PARECER-EL) ___11___ más animado. Por fin a mediados de julio, (TOMAR) ___12___ el tren Benito y yo, y en Villavieja (ESPERAR-NOSOTROS) ___13___ a Sotelo. (SER) ___14___ cosa de tres o cuatro días, los suficientes para ir revelando a Benito lo que (SER) ___15___ mi mundo, lo que (SER) ___16___ todavía.

Filomeno, a mi pesar
G. TORRENTE BALLESTER

6

Reordena los párrafos correspondientes a la vida de cada personaje:

1. Bárbara Rey.
Nació hace hoy 41 años en Totana (Murcia). Pronto se trasladó a Madrid, donde comenzó a trabajar como modelo en una agencia de publicidad, para pasar a ser una «vedette» conocida y una de las primeras presentadoras de la pequeña pantalla.

2. Cristina Alberdi.
Cumple hoy 45 años. Licenciada en Derecho y dedicada al ejercicio de la abogacía desde 1971, ha sido una firme defensora de los derechos de la mujer, promoviendo desde su despacho profesional la modificación de las leyes que consideraba discriminatorias para el sexo femenino.

3. Enrique Múgica.
El ministro de Justicia cumple 59 años. Nació en San Sebastián y se licenció en Derecho, ejerciendo la abogacía y llegando a pertenecer a la Junta de Gobierno del Colegio de Abogados de la capital donostiarra.

4. Hugo Sánchez.
El jugador de fútbol cumple 33 años. Pronto destacó como futbolista fichando por el equipo de la Universidad de México, mientras realizaba estudios de Odontología.

5. Odón Alonso. El director de orquesta cumple 66 años. Nació en La Bañeza (León), dedicándose pronto al estudio de la música, cuya carrera realizó en el Conservatorio de Madrid.

6. Rafael Alberti.
El gran poeta español nació en El Puerto de Santa María (Cádiz) hace hoy 88 años. Estudió Arte en Madrid y alcanzó cierto éxito como pintor antes de 1923, año en que comenzó a escribir y publicar poemas en revistas.

A. Su primera oportunidad en el cine llegó de la mano de Pedro Masó, en la película *Crimen perfecto*, y más tarde trabajaría con Berlanga en *La escopeta nacional*. Se casó con Angel Cristo, con el que tuvo dos hijos y del que se divorció, cambiando temporalmente el mundo de la canción y del cine por el del circo.

B. Autor de la música de varias películas españolas, ha realizado grabaciones para las principales casas discográficas, y entre las orquestas de las que ha sido director principal cabe citar la Orquesta de Solistas de Madrid, la Orquesta Filarmónica de Madrid y la Orquesta Sinfónica de RTVE, amén de haber sido director musical del Teatro de la Zarzuela entre 1956 y 1959.

C. Apoyó la causa republicana durante la Guerra Civil, lo que le obligó a exiliarse. Primero a tierras argentinas, en cuya capital, Buenos Aires, vivió hasta 1961, y luego a Roma, ciudad que le acogió hasta que en 1977 regresó a España, al iniciarse el proceso democrático.

D. Su última aparición en los escenarios ha sido en la obra de Juan José Alonso Millán *Cuéntalo tú, que tienes más gracia.*

E. En el año 1981 fue cedido al Atlético de Madrid, club en el que militó hasta 1985 y en el que se consagró como figura. En dicho año ficha por el

Real Madrid, con el que ha conseguido varios títulos de Liga, habiendo sido máximo goleador en varias ocasiones.

F. Estuvo casado con la escritora María Teresa León, fallecida no hace mucho tiempo. En 1983 recibió el Premio Cervantes.

G. Ha sido miembro del anterior Consejo General del Poder Judicial y entre sus publicaciones destacan *El divorcio hoy* y *Aborto: sí o no*.

H. Su primer libro de poesía: *Marinero en tierra*, obtuvo el Premio Nacional de Literatura en 1925.

I. En 1963 ingresó en el PSOE, siendo elegido miembro de la comisión ejecutiva federal de dicho partido en 1967 y ocupando diversos cargos ejecutivos desde entonces.

J. Diputado por Guipúzcoa desde las primeras elecciones legislativas de 1977, es ministro de Justicia desde la última remodelación del Gobierno llevada a cabo en julio de 1988 y secretario ejecutivo del PSOE tras la celebración del XXXII Congreso.

K. Después de una lesión en la última temporada ha vuelto a firmar su renovación con el Real Madrid por una temporada más.

7

Completa el texto con verbos del recuadro:

era (2)	estaba	tosía	pudo	comí
había desarrollado	reía	apareciéramos	entré	comenzó
conocí	recuerdo	comencé	fue	fuimos

La vida de aquellos años en la pensión de estudiantes ___1___ de un hambre completa. Escribí mucho más que hasta entonces, pero ___2___ mucho menos. Algunos de los poetas que ___3___ por aquellos días sucumbieron a causa de las dietas rigurosas de la pobreza. Entre éstos ___4___ a un poeta de mi edad, pero mucho más alto y más desgarbado que yo, cuya lírica sutil ___5___ llena de esencias e impregnaba todo sitio en que ___6___ escuchada. Se llamaba Romeo Murga.

Con este Romeo Murga ___7___ a leer nuestras poesías a la ciudad de San Bernardo, cerca de la capital. Antes de que ___8___ en el escenario, todo se ___9___ en un ambiente de gran fiesta: la reina de los Juegos Florales con su corte blanca y rubia, los discursos de los notables del pueblo y los conjuntos vagamente musicales de aquel sitio; pero, cuando yo ___10___ y ___11___ a recitar mis versos con la voz más quejumbrosa del mundo, todo cambió: el público ___12___ , lanzaba chirigotas y se ___13___ muchísimo con mi melancólica poesía. Al ver esta reacción de los bárbaros, apresuré mi lectura y dejé el sitio a mi compañero Romeo Murga. Aquello ___14___ memorable. Al ver entrar a aquel quijote de dos metros de altura, de ropa oscura y raída, y empezar su lectura con voz aún más quejumbrosa que la mía, el público en masa no ___15___ ya contener su indignación y ___16___ a gritar: «Poetas con hambre ¡Váyanse! No echen a perder la fiesta».

Confieso que he vivido
Pablo NERUDA

8

Relaciona las siguientes frases hechas con su significado correspondiente:

1. Echar una cana al aire
2. Medir las palabras
3. Empinar el codo
4. Por todo lo alto
5. Llevarse el gato al agua
6. Tener la última palabra
7. No pintar nada
8. Más vale tarde que nunca
9. Echar a suertes
10. Echar en cara
11. No haber nada que hacer

a) tener cuidado con lo que se dice
b) no tener capacidad de decisión, ni influencia
c) decidir
d) salirse con la suya, hacer lo que se quiere
e) con mucho lujo
f) beber en exceso
g) tener un problema sin solución
h) reprochar
i) sortear
j) salir a divertirse
k) conseguir algo después de mucho tiempo.

 Lee el texto y luego responde:

Pero vayamos a lo nuestro. Yo marcharé a Madrid de víspera, es decir, el día 9. Madrid, y con mayor motivo llegando del campo, me aturde, necesito habituarme al humo, al tráfago de coches y peatones, a los parpadeos de los semáforos... ¡Ahí es nada, los semáforos! ¿No has advertido, querida, que desde que se instalaron estas luces han aumentado los accidentes cardíacos? Hay estadísticas. A mí, personalmente, no me sorprende. El semáforo desafía, azuza, y cualquier hombre, ante él, se impacienta, estudia la mejor manera de burlarlo sin aguardar. Aunque no tengamos prisa, el semáforo nos la inventa. Yo mismo, un hombre jubilado, tan pronto intuyo que la luz verde va a dar paso a la anaranjada, no lo puedo remediar, echo una carrerita. ¿Por qué? ¿Quién me requiere? ¿Quién me espera del otro lado de la luz? Nadie, por supuesto. Minuto más, minuto menos me da lo mismo, pero, de pronto, me asalta la fiebre competitiva y no puedo por menos de apresurarme. El semáforo,

créeme, es el peor enemigo del hombre moderno, el gran verdugo de nuestro tiempo.

Por si alguna duda surgiera, yo me alojaré en el Hotel Imperio, en la calle del Carmen. Me gusta el nombre. Hace muchos años que paro allí, más de treinta. Es un hotel sin pretensiones pero, en cierta medida, confortable. El conserje, a quien conozco y me llama don Eugenio, es eficiente y transmite los recados con puntualidad y exactitud. Como, por otro lado, su precio es relativamente económico (¡hay que ver cómo se están poniendo los hoteles ahora!) y su situación céntrica, no veo motivos para cambiar. De modo que ya lo sabes, si antes de acudir al almuerzo se te ocurriera alguna cosa, no tienes más que darme un telefonazo.

Cartas de amor de un sexagenario voluptuoso
Miguel DELIBES

	V	F
A. 1. El protagonista tiene una cita en Madrid con un amigo.		
2. Se marchará a Madrid el día anterior a la cita.		
3. Le gusta el movimiento, el tráfico, la animación de la gran ciudad.		
4. Cruza cuando el semáforo está a punto de ponerse en rojo para los peatones.		
5. Aunque no vaya a ninguna parte, el semáforo hace que sienta prisa.		
6. Se va a hospedar en un hotel que está en una calle céntrica de Madrid.		
7. Es un hotel bastante lujoso.		
8. El conserje cumple con sus obligaciones.		
9. Los hoteles, en general, tienen precios bastante buenos, económicos.		

B. a) Teniendo en cuenta lo que se dice en el texto, trata de hacer una descripción breve del personaje.

b) Adopta su punto de vista y expón en pocas líneas los inconvenientes de la gran ciudad.

Forma frases con valor consecutivo tomando un elemento de cada columna y uniéndolos con TAN, TANTO/A/OS/AS QUE:

Ejemplo: *Tiene tantos amigos que nunca está solo.*

a) Trabaja	gente	no tiene tiempo para nada.
b) Es	horas	no se le entiende.
c) Iba	guapa	ya no sabe dónde ponerlos.
d) Conoce	libros	llamaba la atención.
e) Compra	rápido	va a todas las fiestas.
f) Habla	inteligente	desconcierta a sus profesores.

Termina las frases:

1. Tiene ya diez años y se porta como si _____.

2. Le gustan mucho las plantas, tiene la casa como si _____.

3. La pobre M.ª José es una pedante, no sabe nada, pero habla como si _____.

4. Tienen mucho dinero pero viven como si _____.

5. Conduce por la ciudad como si _____.

Pide disculpas por los siguientes hechos y añade una explicación:

Ejemplo: No IR ayer a buscarte al aeropuerto.
 Perdona que no fuera ayer a buscarte al aeropuerto, es que el coche lo tengo en el taller.

1. No PODER ayudarte a hacer la mudanza el domingo que viene.

2. No HABERte dicho que cambiaba de trabajo.

3. LLEGAR con retraso.

4. No IR a tu fiesta de despedida de soltera.

5. No PODER hacer nada para que admitan a tu hijo en mi colegio.

6. No IR al hospital cuando te operaron.

Lee el folleto:

La pescadilla que se muerde la cola

Muchos ciudadanos se desplazan en su coche porque dicen que los transportes públicos son lentos e incómodos. Pero los autobuses no funcionan mejor porque la densidad del tráfico y la invasión del carril-bus dificultan su rapidez y regularidad.

Es preciso romper este círculo vicioso.

El Ayuntamiento va a aumentar los tramos protegidos, intensificar la vigilancia y en algunos casos instalar separadores físicos o establecer la circulación en sentido contrario.

Y también va a mejorar notablemente la flota de autobuses, reestructurar líneas y facilitar los abonos.

Porque, como lo demuestra la experiencia de todas las grandes ciudades, para mejorar la circulación es indispensable una mayor utilización del transporte público frente al privado. En Madrid, de los 5 millones de desplazamientos que se realizan diariamente, sólo el 66% se efectúan en transporte público. Alcanzar el 80% supondría reducir en un 10% el número de coches que circulan diariamente por nuestra ciudad y una importante mejora de la situación.

Ayuntamiento de Madrid.
Área de Circulación y Transportes.

Madrid luz verde

a) Completa el cuadro de adjetivos y sustantivos correspondientes:

1. lento   lentitud
2. incómodo   _____
3. _____   densidad
4. _____   rapidez
5. _____   regularidad

6. vicioso   _____
7. protegidos   _____
8. _____   vigilancia
9. _____   facilidad

b) Haz un resumen del contenido. Procura emplear las palabras anteriores y verbos como utilizar, desplazar, circular, mejorar.

Lee y luego responde:

Y en otra ocasión, paseando casi de madrugada por el puerto:

—Te confesaré que me preocupa más el individuo que la sociedad y lamento más la deshumanización del obrero que sus condiciones de vida.

—No sé qué decirte. ¿No van estrechamente ligadas ambas cosas?

—En modo alguno. El campesino vive en contacto directo con la naturaleza. El obrero industrial ha perdido de vista el sol, las estrellas, las montañas y la vegetación. Aunque sus vidas confluyan en la pobreza material, la indigencia espiritual del segundo es muy superior a la del primero.

—Esto que dices me parece una simpleza. De ser así, no emigrarían a la ciudad como lo están haciendo.

Un día en que le hablaba en términos elogiosos del automóvil meneó la cabeza con pesadumbre.

—Pronto los caballos habrán desaparecido, abatidos por la máquina y sólo se utilizarán en espectáculos circenses, paradas militares y corridas de toros.

—¿Y eso te preocupa —le pregunté—, la desaparición de los caballos barridos por el progreso?

—A veces pienso que el progreso quita con una mano lo que da con la otra. Hoy son los caballos, mañana seremos nosotros.

La verdad sobre el caso Savolta
E. MENDOZA

1. Uno de los interlocutores se muestra pesimista ante el progreso, ¿por qué razones?

2. ¿Cuál es la posición del interlocutor?

3. ¿Qué argumentos se te ocurren para rebatir las ideas del primero? Escríbelos.

Escribe los verbos que hay entre paréntesis en la forma adecuada. El texto está en pasado.

Yo (TERMINAR) ____1____ mis quehaceres y (DISPONERSE) ____2____ a salir. (QUERER, yo) ____3____ , sobre todo, comprar una carpetita de cartón para ir guardando mi traducción de Poggioli, que (EMPEZAR, yo) __4__ a toda velocidad. (BAJAR) ____5____ a la calle, (SER) ___6___ las seis en punto; (IR) ____7____ absorta en estas ideas y al mismo tiempo comentándome a mí misma lo bien que me (SENTIR) ___8___ , a pesar del trabajo bárbaro a que (ESTAR) ___9___ sometiéndome. (IR) ____10____ por la misma acera de nuestra casa, (PASAR) ___11___ la primera bocacalle, (SEGUIR) ___12___ , y al cruzar la segunda, un coche (DESVIARSE) ____13____ de la línea recta, (DOBLAR) ____14____ y se me (LLEVAR) ___15___ por delante. Bueno, no se me (LLEVAR) ___16___ ; me (PROYECTAR, él) ____17____ hacia la izquierda y (CAER, yo) ___18___ aparatosamente.

La gente (ARREMOLINARSE) ____19____ en seguida. Yo (SER) ___20___ incapaz de hablar portugués en ese momento y

(HACER) ____21____ todo género de reflexiones, en español, sobre si (HABER) ____22____ o no (HABER) ____23____ fractura. Desde un principio (DARSE) ____24____ cuenta de que no la (HABER) ____25____ , pero no (PODER) ____26____ moverme. Me (METER, ellos) ____27____ en el Banco que hay en la esquina y (EMPEZAR, ellos) ____28____ a proponerme cosas: en primer lugar, llamar a mi casa, pero al fin (PODER) ____29____ explicarles, en portugués, que en mi casa no (HABER) ____30____ nadie hasta después de las ocho. Una señora (QUERER) ____31____ llevarme a su casa hasta que llegase esa hora, otros (PROPONER) __32__ llevarme a la Casa de Socorro.

Alcancía. Ida
Rosa CHACEL

Escucha estos diálogos y responde:

A. *En el metro de «Atocha».*
1. El viajero quiere ir a Colón.
2. Para ir a a Bilbao tiene que hacer transbordo.
3. De Bilbao a Colón hay dos estaciones.

B. *En el mostrador de facturación de Iberia.*
1. Antes de subir al avión hay que pesar y facturar el equipaje.
2. A los aviones se puede subir una bolsa de viaje.
3. Tiene que estar en la sala de embarque dentro de tres cuartos de hora.

C. *En la calle, buscando el autobús número 2.*
1. El peatón tiene que ir a Callao.
2. El autobús número 2 no pasa por Callao.
3. Tiene que coger el 12 o el 14.
4. Tiene que bajarse en la tercera parada y coger el 2.

V	F

 **1**

Lee este cuento de Camilo J. Cela:

Una función de varietés

Una hora antes de la hora de empezar, hubo un ligero barullo. Se confundieron en la taquilla y las filas 11, 12 y 13 las vendieron dos veces. Sonaron algunas tortas, intervino la Guardia Civil, pasó el tiempo necesario y la función de varietés comenzó en el Teatro Cervantes con un lleno absoluto. Esto de las funciones de varietés es algo que siempre llama mucho la atención.

El programa no era muy rico, aunque sí algo variado. Primero salió un joven de smoking y con las mejillas pintadas y echó un discursete; la gente empezó a meter el pie hasta la mitad, pero el joven, que debía estar ya muy acostumbrado, siguió como si tal cosa. El del piano, que tenía una colilla de puro apagada en la boca y un ramito de hierbas en el ojal de la americana de fantasía color azul eléctrico, comenzó a tocar un schotis, y en el escenario apareció una pareja que se puso a bailar. El iba vestido, más bien que de chulillo madrileño, de apache marsellés, y ella llevaba un traje de tafetán color de rosa como el que se ponen las señoritas de la buena sociedad para representar un cuadro artístico a beneficio de los pobres. Se llamaban Lina and Paco, y su actuación, la verdad, pasó sin pena ni gloria.

Después salió un señor con botines y bombín, como de unos cincuenta años, que contó procacidades con una voz aguardentosa que hizo mucha gracia. Fue muy festejado, aunque del piso de arriba le comentaron algunos chistes con poco respeto. El señor se llamaba don Tiroliro.

A continuación, seis señoritas, ya talludas, bailaron unas jotas. Se llamaban, todas juntas, Ballet Holliwood.

. . . .

Después de las jotas del Ballet Holiwood, era difícil tener aceptación, y al pobre Garçon Marcel, el imitador de estrellas, que resultó ser el joven del discurso, le metieron tal solfa que aquello parecía el fin del mundo. Cómo sería la cosa, que el sargento de la Guardia Civil, para evitar mayores males, habló un rato con el alcalde y después ordenó que salieran de nuevo las chicas del Ballet Holliwood. El tío del piano, que seguía mascando su puro como si no pasase nada, atacó la jota, y en todo el Teatro Cervantes estalló una ovación clamorosa, que duró mientras las señoritas estuvieron sobre las tablas y aún un rato más.

El bonito número de la «Muñeca Mecánica», también mereció los plácemes del respetable, que volvió a ponerse al rojo vivo en el siguiente, que se titulaba: «Los encantos del trópico».

Después vino el descanso. Los sobrantes de las filas 11, 12 y 13 volvieron a la carga, pero ya evidentemente con menos ímpetu que al principio.

Camilo José Cela

La gente se volvió en sus asientos para hablar con el de la fila de atrás, se encendieron pitillos, se comentó... El público estaba animado y se veía que lo pasaba bien. El del piano, que se ganaba el jornal a pulso, no dejó de tocar ni un solo momento. Tras el telón se oían, de vez en cuando, por encima del rugir de la gente, algunos martillazos.

Al cabo de veinte minutos, volvió a continuar la función. Tres de las jóvenes del Ballet Holliwood, que así desglosadas se llamaban las Hermanas Sisters, cantaron y bailaron unos fox modernos. Iban vestidas con blusa azul, pantalón largo y ajustado de raso blanco y llevaban gorra de marino y un ancla bordada sobre el pecho.

Cosecharon muchos aplausos y de propina cantaron «La Salvaora», «La hija de la Tirana» y «La niña de fuego».

Don Tiroliro contó más chistes, el prestidigitador Ramoncini lució sus habilidades y miss Flora, la de la «Muñeca Mecánica», interpretó un baile que se llamaba «Los sueños de Leda». De cisne hacía el pollo del discurso, pero en seguida se echaba de ver que era un cisne sin malicia.

Con esto, la función llegaba casi al final, porque al Garçon Marcel le dijo una persona caritativa que era mejor que no saliese solo, que en realidad ya no merecía la pena.

El Ballet Holliwood representó un cuadro flamenco en dos cortas jornadas, que se llamaba «El contrabandista del Campo de Gibraltar», y escuchó de nuevo cerradas ovaciones. En esto de los cuadros flamencos, dicho sea sin tratar de restar mérito a nadie, pasa como con los partidos internacionales de fútbol, que la gente aplaude y grita, mitad por emoción, mitad por patriotismo.

Como broche de oro para cerrar la función, se representó una lucida «Apoteosis final» con intervención de toda la compañía, que aunque no eran muchos casi no cabían en el escenario. Don Tiroliro, vestido de moro y con turbante, estaba en el centro sentado en una butaca; le daban guardia, con unos grandes alfanjes en la mano, el Garçon Marcel y Paco y Lina, miss Flora y el Ballet Holliwood en pleno, bailaban envueltas en gasas y pisándose la cola unas a otras.

El telón se levantó y cayó repetidas veces y la gente comenzó a desfilar. La función de varietés había terminado.

Poco más tarde fue cuando acaeció el episodio de la fábrica de anís.

El gallego y su cuadrilla
C. J. CELA

1. Ordena las actuaciones según han aparecido en el cuento:
   – Un joven de smoking echa un discurso.
   – Un señor con botines y bombín cuenta chistes procaces.
   – Las Hermanas Sisters bailan fox.
   – El Ballet de Holliwood representa un cuadro flamenco.
   – Hay un descanso.
   – El pianista toca un schotis.
   – Miss Flora interpreta «Los sueños de Leda».
   – El Ballet Holliwood baila unas jotas.

2. Escribe todo lo que sepas del público asistente.

3. ¿Qué elementos, comentarios del autor, descripciones, etc., hacen que el cuento provoque la risa?

Lee y completa los huecos con las palabras del recuadro:

estrenó	trágico (2)	escenario	actores(2)
representar	obra (2)	director	interpretadas

TEATRO

CRÍTICAS / NOVEDADES / ESTRELLAS / TODAS LAS OBRAS EN CARTEL

CANTO TRÁGICO DE LIBERTAD

BEGOÑA PIÑA

«Voces de gesta». Autor: Ramón María del Valle-Inclán. Dirección: Emilio Hernández. Escenografía, vestuario e iluminación: Carlos Cytrynowski. Música original y dirección musical: Pep Llopis. Reparto: Ricardo Lucía, Magüi Mira, Juan Gea, Andrés Mejuto, Antonio Dechent, Joaquín Climent, Concha Hidalgo, Blas Moya, Reyes Ruiz, Paco Peña. Centro Dramático Nacional. Teatro María Guerrero. Estreno día 5, sesión de tarde.

Han pasado casi ochenta años (1912), desde que se ___1___ en el entonces Teatro de la Princesa, hoy María Guerrero (Centro Dramático Nacional), el ___2___ canto de Valle-Inclán *Voces de gesta*.

Ahora, en el mismo ___3___ un grupo de ___4___ y técnicos procedentes de diferentes autonomías españolas se reúnen para ___5___ de nuevo esta ___6___ en la que el dramaturgo hizo la gran defensa de la individualidad y las señas de identidad de los pueblos.

Dirigido por Emilio Hernández y con ___7___ como Magüi Mari, Juan Gea, Ricardo Lucía o Andrés Mejuto, el montaje contará además con una novedad, la música electrónica de Pep Llopis. Las notas de su composición, con evidentes raíces étnicas serán ___8___ en directo sirviendo de unión entre los años que separan la crea-

ción valleinclanesca y los tiempos que vivimos.

Voces de gesta es la obra en la que Valle-Inclán situó por primera vez a un ejército profesional, cruel y conquistador frente a un pueblo del que surgen voluntarios pero inexpertos soldados dispuestos a defender sus ideales, su inspiración de forma de vida.

El ___9___ canto está escrito, según el ___10___ Emilio Hernández, «en un verso rudo y sabio, donde las rimas dan chispazos de pedernal, y la acción, violenta y agridulce, tiene la grandeza de las fundaciones por el hierro y por la sangre».

Así, regresa ochenta años después esta ___11___ de Valle, este canto a la libertad, a la vida, esta protesta, esta rabia contra las guerras, contra la muerte, contra las armas. Canto, protesta o rabia que volverían con *Tirano Banderas* y *El ruedo ibérico*.

3 Cita dos objetos o personas (obras de arte, ciudades, deportistas, películas, actores, etc.) que te parezcan:

a) sugerentes

b) realmente fascinantes

c) una birria

d) muy originales

e) preciosos

4 Escribe el verbo que va entre paréntesis en la forma adecuada del Indicativo o Subjuntivo:

1. Hasta que no (TERMINAR, yo) _____ lo que estoy haciendo, no puedo atenderte.

2. Ayer los amigos no se fueron hasta que no se (BEBER) _____ la última botella de vino.

3. Dijo que no volvería a España hasta que no (HACER) _____ más frescor en verano.

4. Juanjo estuvo esperando hasta que el director le (RECIBIR) _____ .

5. La radio ha dicho que los aviones no podrán despegar hasta que no (PASAR) _____ la tormenta.

6. Los manifestantes se encadenaron a las puertas del Parlamento hasta que la Policía (VENIR) _____ a romper las cadenas.

7. Normalmente los niños se quedan en la puerta del colegio hasta que (IR, nosotros) _____ a buscarlos.

8. Sara Montiel dijo que no haría más películas hasta que no le (OFRECER) _____ algo que valiera la pena.

9. El ministro dice que no subirán los sueldos hasta que no (BAJAR) _____ la inflación.

10. Luis, hasta que no se (LEER) _____ todo el periódico, no empieza a trabajar.

5 Lee esta entrevista de Carlos Saura, un importante director de cine español:

Últimamente, Carlos Saura tiene que abandonar con frecuencia su casa-refugio de Torrelodones para vérselas con los medios de comunicación, por el revuelo montado alrededor de *¡Ay Carmela!* El director oscense, que ya ha estado dos veces a punto de obtener la codiciada estatuilla, primero con *Mamá cumple cien años* y luego con *Carmen*, se toma la cosa con bastante tranquilidad:

—A mí, los Oscar nunca me han quitado el sueño, me dan un poco igual. Hombre, los premios siempre están bien porque suponen para las películas una publicidad gratuita. De todas formas, ¡Ay Carmela! ya se vendió a los Estados Unidos, y eso ya es un gran éxito, porque es dificilísimo, casi imposible que los Estados Unidos compren una película española.

—¿Cree que los Oscar se otorgan siempre con justicia? ¿No concurren bastantes circunstancias que no tienen que ver estrictamente con el cine?

—Todos los demás elementos entran en juego, por supuesto, eso lo sabemos todos los que hemos participado en festivales; normalmente, hay una gran injusticia en esos premios vistos desde fuera, sí, pero no desde dentro del jurado o del entorno del festival. Tienen mucha importancia las modas, lo que está pasando en el país que premia, las simpatías de uno u otro bando..., los premios son así, sobre todo en este caso, porque los Oscar no dependen de cuatro o cinco personas sino de mucha gente.

Claves y demonios

—¿Por qué pasó, en un determinado momento, de un cine que mostraba un mundo interior, con sus claves y demonios, a un cine más realista como el de *Deprisa, deprisa...*?

—Ummm... es que la palabra «realista» es una palabra muy falsa, muy equívoca. Yo no he hecho nunca un cine documental: *Deprisa, deprisa...*, sigue siendo para mí una película intimista, como intimista considero *El Dorado*, aunque algunos digan que es épica; en todo caso, sería una épica muy particular, la de Lope de Aguirre, su hija y un círculo muy reducido de personas.

—De todos modos, ha habido un cambio en su cine. ¿No?

—En esto hay un poco de confusión. Yo no veo tanto cambio por una razón que le voy a explicar; voy haciendo las películas según van surgiendo los temas en mi cabeza o me hacen proposiciones que me interesan. A mí me gustan muchas cosas diferentes, pero no porque quiera cambiar, sino porque salen así. Igual que he hecho *¡Ay Carmela!*, mañana puedo rodar una película diferente, como la que estoy montando ahora, *El Sur* —basada en un cuento de Borges—, que es muy hermética.

—Pero usted tiene, por así decirlo, una serie de películas que se basan en determinadas obsesiones como la infancia o la familia o la represión, que ya no se reflejan tanto en su cine actual. ¿No se habrá librado de ellas?

—Aunque parezca que no, sigo teniendo las mismas obsesiones y también se siguen reflejando en mi cine. En *¡Ay Carmela!*, por ejemplo, hay muchas cosas mías, canciones, recuerdos de niño... voy a continuar trabajando sobre recuerdos infantiles porque son muy fuertes, como también, si me dejan, sobre la Guerra Civil española que me parece un tema universal... Habrá habido una evolución en mi cine, eso sí, no soy quién para decirlo, pero seguro que la ha habido, porque yo, como todos, soy un resonador de lo que pasa en mi entorno.

Reproducido con la autorización del diario
ABC, de Madrid.

Este es el resumen de la entrevista, pero con algunos errores. Reescríbelo corrigiéndolos:

Carlos Saura está muy nervioso por el revuelo que se ha levantado alrededor de su película *¡Ay Carmela!* A él los Oscar no le dejan dormir por la publicidad gratuita que suponen para la película. Además, él cree que los premios son siempre muy injustos, ya que dependen de muchos factores.

Por otro lado, respecto a la calificación del cine que hace, dice que la palabra «realista» no le gusta porque es muy equívoca y falsa. También dice que siempre ha hecho cine documental, como *Deprisa, deprisa* y *El Dorado*. En cuanto al cambio experimentado a lo largo de su filmografía, no está de acuerdo con el entrevistador, lo que ocurre es que a él le gustan muchas cosas diferentes. Por fin, hablando de los temas, dice que ya no quiere seguir reflejando sus obsesiones en el cine, sólo quiere hacer películas sobre la Guerra Civil española.

Escucha, toma notas y completa la información:

a) Mujeres vistas por mujeres

1. Día y hora de la inauguración _____ .

2. Horas de visita _____ .

3. Tema de la exposición _____ .

4. Organizada por _____ .

5. Actividades paralelas
   1. _____ .
   2. _____ .
   3. _____ .

b) Teatro femenino

1. Lugar y título de la obra _____ .

2. Tema _____ .

3. Personajes _____ .

4. Crítica de la dirección y la música _____ .

5. Producción de _____ .

Haz como en el ejemplo:

Ejemplo: Al cruzar, un coche ___ ___ echó encima (a mí).
Al cruzar, un coche se me echó encima.

1. A. ¿Y el canario?
   B. ___ ___ ha escapado (a nosotros).

2. Con el aire ___ ___ ha cerrado la puerta y me he dejado las llaves dentro (a mí).

3. A.¿Qué le pasa a esta radio?, ¿no funciona?
   B.Sí, lo que pasa es que ___ ___ han acabado las pilas (a ella).

4. ¿Qué le pasará a la azalea?, ___ ___ han caído todas las hojas (a ella).

5. ¿Qué te pasa?, ¿estás nervioso?, ¿por qué ___ ___ cae todo de las manos?

6. ¡Qué rollo! ___ ___ ha perdido la agenda con todos los teléfonos y direcciones (a mí).

7. A. ¡Cuidado! Que ___ ___ vierte el vaso (a ti).
   B. No sé por qué lo he llenado tanto.

8. Íbamos paseando y ___ ___ acercó sin que nos diésemos cuenta.

9. Tenemos un coche muy viejo y el viaje ___ ___ ha hecho interminable.

Une las frases usando ANTES DE QUE:

1. Me iré a las 9.
   Ellos llegarán a las 10.

2. El autor del delito confesó.
   Celebraron el juicio unos días después.

3. Dejaré todo lo del viaje preparado.
   Después me iré a trabajar.

4. Comunicaron la noticia a la familia.
   Al día siguiente salió en los periódicos.

5. Les llamaré por teléfono.
   Después iré a verlos.

6. Tengo que estar en casa esta tarde a las 8.
   Mis padres llegarán por la noche y no tienen llave.

7. Era un gran deportista desde muy joven.
   El año pasado se rompió una pierna.

8. Vendieron el piso.
   Después se compraron otro más grande.

Pon el verbo en la forma adecuada:

1. Está claro que los ruidos (AFECTAR) _____ a la salud de las personas.

2. Dice que no está demostrado que trabajar con ordenador (DAÑAR) _____ la vista.

3. Me parece absurdo que la gente (COGER) _____ el coche para ir a 100 metros de su casa.

4. Es un hecho que en las grandes ciudades la vida (SER) _____ cada día más difícil.

5. Es justo que los que más tienen (PAGAR) _____ más impuestos a Hacienda.

6. ¿Te parece normal (LLEGAR) _____ tarde a trabajar todos los días?

7. Es normal que, tan pequeño, sólo (QUERER) _____ jugar y que no (QUERER) _____ saber nada de libros.

8. Es una tontería (DISCUTIR) _____ por cosas tan insignificantes.

9. A. ¿Te parece justo que se (HACER) _____ contratos de trabajo por sólo tres meses?
   B. Naturalmente que no, pero está claro que así el Estado y las empresas (GANAR) _____ dinero.

10. A. ¿Te parece normal que este chico se (PASAR) _____ el día haciendo crucigramas y viendo la tele?
    B. Mujer, está de vacaciones.

11. A. ¿Te parece lógico que (PRETENDER, ellos) _____ mejorar la circulación, diciendo que la gente no saque el coche y continuamente (ESTAR) _____ haciendo publicidad sobre nuevos modelos?
    B. No es muy lógico, pero está claro que las fábricas de coches (NECESITAR) _____ vender y que (HABER) _____ mucha competencia.

Lee este artículo y luego responde:

Juan heredó de su padre una casa, un bosque, una mula, tres hermanos pequeños y una gran afición al comercio. Taló el bosque y vendió la madera asentando en su gran libro de cuentas, muy satisfecho, el importe obtenido. Llevó después la mula al mercado y sacó de ella un buen precio; a la vuelta registró la venta. Eran tiempos en que existía la esclavitud, de modo que vendió a sus hermanos y corrió a casa a anotar sus nuevos ingresos. Sólo había otro comerciante en el pueblo que llevase un mayor volumen de ventas y, para superarlo, vendió su casa. No había más casas disponibles en el pueblo, así que, cuando terminó la fiesta en que fue proclamado comerciante del año y se encontró sin ningún lugar donde ir y sin siquiera la compañía de la mula, con la que tanto tenía en común, se ató el libro de cuentas al cuello y se arrojó al pozo de un vecino.

SI HAY UN FUTURO, SERÁ VERDE

Es difícil sentir compasión por Juan. Si la vida en nuestro planeta desaparece y otros seres inteligentes llegan a tener noticia de nosotros, tampoco experimentarán mucha compasión. Nuestro comportamiento ha venido siendo el de un Juan colectivo. Utilizamos sin control recursos no renovables, vamos acabando con la vida en los mares, hemos sacrificado las costas a urbanizaciones habitadas pocos días al año, acumulando basuras y residuos radioactivos, destruimos los bosques... Lo sacrificamos todo a una producción incesante que pocas veces supone un incremento del nivel de vida y, a menudo, es simple destrucción, aunque la apuntemos en el libro del PNB.

No es posible precisar cuándo empezó a torcerse el progreso. La cultura de las asociaciones modernas contiene valores permanentes, como ideales de libertad, igualdad y fraternidad de la Revolución Francesa, cuyo bicentenario ahora celebramos. Contiene, sin embargo, ideas y prejuicios nacidos con la industrialización que ahora carecen de sentido; la tendencia a producir más en lugar de liberar tiempo de trabajo, la consiguiente consideración de la naturaleza como un medio hostil al que había que vencer gloriosamente, el miedo a la escasez de alimentos y bienes útiles, la creencia de que lo grande es mejor que lo pequeño, la obsesión por el incremento de la velocidad. Hoy sabemos que nuestro problema es más la abundancia que la escasez, que urge más distribuir —los bienes, el trabajo— que producir, que la naturaleza a veces se venga —con sequías, con riadas— de nuestras acciones prepotentes y más vale colaborar con ella, que el alto nivel de consumo no significa calidad de vida. En suma, que la idea de progreso debe ser pensada de nuevo y no confundida con las rutinas acumuladoras del capitalismo (o del socialismo burocrático).

Los grupos ecologistas, los movimientos verdes, suponen una reacción de autodefensa de la especie. De una parte, su papel es el de voceadores de una justificada alarma. De otra, son los portadores de una nueva cultura en la que los valores de paz, cooperación, armonía con el medio, respeto a lo pequeño y a lo diferente, igualdad de los sexos, placer en el trabajo y respeto a los seres vivientes pasan a primer término. El arco iris es hermoso. Sobrevivir será también vivir mejor.

ELLE

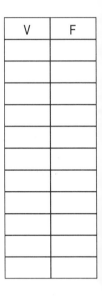

	V	F
1. Juan vendió todo lo que tenía para obtener buenas ganancias.		
2. Poco después le fueron mal los negocios y murió arruinado.		
3. El autor siente cierta lástima por Juan.		
4. Seres de otros planetas, si nos conocieran, no sentirían lástima de nosotros.		
5. Las urbanizaciones de nuestras costas permanecen vacías gran parte del año.		
6. La explotación de los recursos naturales ha servido para mejorar el nivel de vida.		
7. La industrialización permite al hombre trabajar menos y dedicar más tiempo al ocio.		
8. El verdadero problema de nuestro tiempo es que hay demasiadas cosas pero están mal distribuidas.		
9. La naturaleza siempre es benévola con los hombres.		
10. Tener más y consumir más no significa vivir mejor.		
11. Los grupos ecologistas tratan de advertir a la sociedad y a los gobiernos de los peligros que conlleva la destrucción de la naturaleza.		

Lee este artículo y luego responde:

PATIOS CORDOBESES
El paraíso de las flores

Rincones sagrados de la naturaleza, regados todos los días con la paciencia de quien ama las cosas bien hechas. Son la obra genuina y delicada de la mujer cordobesa, paraíso de las flores y la cal, los balcones y las rejas.

Córdoba callada, en los versos del poeta. Romana y mora en los anales inconsumibles de la historia. Noche de jazmines, alhelíes y arrayanes. La ciudad más soñada del occidente antiguo, el genuino pétalo de Andalucía, despierta celos y pasiones y encendidas sinrazones en cuanto el calendario señala con su dedo invisible el anual mes de las flores.

Los treinta y un días de mayo son, en este sur lejano y solo, una explosión atávica de primavera, un rapto colectivo de los sentidos orientado al único e inteligente beneficio de gozar sin molestar. La ciudad entera prolonga sus días y sus noches en una *jartá* interminable de días de fiesta:

Primero son las cruces de mayo, una por cada plaza o rincón de los barrios, adornadas con claveles rojos y blancos a cargo del vecindario. Luego viene la feria de Nuestra Señora de la Salud, bien surtida de casetas y atracciones donde devanar a fondo el hilo de las madrugadas. Y, en medio del jolgorio, sin tiempo siquiera para un descanso, se celebra el ya tradicional Concurso de Patios, cuyo mayor aliciente consiste en recorrer hasta el amanecer todos los patios que se pueda.

Macetas y cal

Romano y moro, como la ciudad entera, el patio es la habitación más importante de cualquier vivienda. Habitación, y no solamente pieza, puesto que en este recinto privilegiado —cuando el aire se hace irrespirable en los tórridos días de verano— transcurre la existencia cotidiana de los cordobeses.

El chasquido del agua en la fuente o cayendo de un caño es poesía bajo el cielo azul de Córdoba. Adentro huele a jazmín y a limón fresco, a hierbabuena y a azahar. No se mueve una hoja en el paisaje inmediato.

Los patios cordobeses, a diferencia quizá del genérico patio andaluz, heredan de los tiempos del Califato una obsesiva geometría floral en todas sus paredes, fruto del culto a la jardinería practicado desde entonces por sus propietarias. Todas las mañanas, cuando el sol despunta entre los ángulos de las paredes, cientos —e incluso miles— de macetas ofrecen sus brillantes colores a quienes las riegan con mimo y paciencia. Porque, hállense en antiguos barrios aristocráticos o en la encalada Judería, estos «pedazos de campo incrustados en la ciudad» —como alguien los definió una vez— son, fundamentalmente, una obra de las manos femeninas.

Los más lucidos

Cuatro mujeres atienden el patio de la calle Albucasis, número 6, en plena Judería cordobesa, que aloja de modo permanente una colección de alrededor de 1.200 macetas. Las interminables horas que la familia pasa delante de tanta maceta, contemplando, podando o regando sus gitanillas, se han visto recompensadas con el primer premio del Concurso de Patios en varias ocasiones.

---

1. ¿Cómo ha sido definida Córdoba por poetas e historiadores?

2. ¿Qué fiestas se suceden a lo largo del mes de mayo?

3. ¿Qué sensaciones se experimentan en los patios cordobeses en los calurosos días de verano?

4. ¿Quién se encarga del cuidado de estos patios?

5. ¿Existe en tu pueblo o ciudad alguna fiesta similar, feria de las flores, concurso, exposición, etc.?
    Intenta explicar por escrito en qué consiste, cuándo se celebra, qué importancia tiene, quién participa, etc.

6 Escucha este programa radiofónico sobre ecología, toma notas y resume las ideas principales:

1. Enumera las causas del deterioro del medio ambiente en los ríos, según el Dr. Valle Quiroga.

2. Consecuencias.

3. Medidas que está tomando la Administración.

4. Medidas que propone el entrevistado.

7 Relaciona las frases hechas siguientes con su significado correspondiente:

1. Perder la cuenta.	a) Ha pasado algo que esperábamos.
2. Ponerse como una sopa.	b) Las cosas van mal.
3. Poner a alguien verde.	c) Tener siempre muchos problemas.
4. Estar perdido.	d) Desperdiciar, estropear.
5. El asunto/la cosa está feo/a.	e) Sentirse superior.
6. ¡Ya era hora!	f) Estar en una situación difícil.
7. No ganar para disgustos.	g) Hablar mal de alguien.
8. Aquí no se puede parar.	h) No recordar, olvidar.
9. Echar por la borda.	i) Aquí se está mal, incómodo.
10. Mirar por encima del hombro.	j) Mojarse por la lluvia.

En las siguientes noticias de periódico, completa los huecos con las palabras del recuadro y pon en el tiempo adecuado el verbo que hay entre paréntesis:

A)

ensuciones	bañistas	fines	lunes
personajes	basura	playas	

El Ayuntamiento de Cartagena monta una obra teatral sobre la limpieza de las playas

Murcia. La Concejalía de Infraestructuras y Servicios del Ayuntamiento de Cartagena lleva a cabo durante todos los ___1___ de semana una campaña a fin de concienciar a los bañistas y «domingueros» para que (DEJAR, ellos) ___2___ limpias las ___3___ antes de su regreso a casa y no (PRESENTAR) ___4___ el deplorable aspecto que suelen presentar los ___5___.

De una manera distendida y entretenida, en las distintas playas se (REPRESENTAR) ___6___ cada fin de semana un montaje lúdico-teatral dirigido a los ___7___ que (ACUDIR) ___8___ a las playas. En este espectáculo, dos ___9___ llamados don Ensución y doña Ensuciona, enviados por la reina doña Basurilla del Ensuciplaneta, se apoderan de la playa, llenándola de ___10___.

A raíz de esta incursión (APARECER) ___11___ en escena los vigilantes de la Manga Limpia, que son un grupo de audaces y valerosos jóvenes que (LUCHAR) ___12___ por defender la higiene y la belleza de la playa y que (LOGRAR) ___13___ reconquistarla expulsando a los ___14___.

Finalizada la representación, tanto los participantes como los bañistas que presencian el espectáculo (LIMPIAR) ___15___ las playas y (HACER) ___16___ un juramento de vigilantes de la Manga Limpia.

Desde que (PONERSE) ___17___ en marcha este espectáculo ya (HABER) ___18___ resultados positivos, pues (LOGRARSE) ___19___ concienciar, según los responsables, a una buena parte de los bañistas que acuden los domingos y que no (SER, ellos) ___20___ conscientes de que aportando cada uno un poco de limpieza se podían conservar las playas.

B)

autobuses	hotel	gramos	desactivación	frente a	carretera

Una bomba destruye una vieja caseta de turismo en Miranda de Ebro

Burgos. Un artefacto explosivo de fabricación casera (ESTALLAR) ___1___ en la madrugada de ayer en una antigua caseta de información turística situada ___2___ hotel de Miranda de Ebro, en la carretera Madrid-Irún.

El artefacto, compuesto por 250 ___3___ de amonal, (ESTAR) ___4___ introducido en una jardinera de la caseta turística, que no (UTILIZARSE) ___5___ desde hace dos años. Como consecuencia de la explosión, (RESULTAR) ___6___ rotos los cristales de la caseta, de la primera planta del ___7___ y de algunos ___8___ aparcados en las inmediaciones.

Efectivos policiales (DESPLAZARSE) ___9___ al lugar de los hechos nada más producirse la explosión y (DESVIAR) ___10___ el tráfico por el carril más alejado de la ___11___ Madrid-Irún, hasta que un equipo de ___12___ de explosivos del Cuerpo Nacional de Policía (RECONOCER) ___13___ la zona para asegurarse de que no había más bombas.

Un joven resulta herido grave tras ser arrollado por una lancha rápida

Formentera. El joven de 20 años, Alberto Cañamares, que (PRACTICAR) ____1____ el esquí ____2____ en las proximidades de la playa de Illetes, en Formentera, (ENCONTRARSE) ____3____ muy grave tras haber sido arrollado el ____4____ domingo por una lancha rápida, cuyo ____5____ (DARSE) ____6____ a la fuga, informó a efe un portavoz de la Comandancia de Marina. La Policía dc Ibiza quc (IDENTIFICAR) ____7____ , gracias al relato de los ____8____ , la lancha que (ARROLLAR) ____9____ a Aberto como la «Happy Daye» con base en el puerto de Ibiza, no (PODER) ____10____ localizar aún al ____11____ de la embarcación.
Los testigos (ASEGURAR) ____12____ que la víctima (ARROJARSE) ____13____ al agua cuando (VER) ____14____ que la lancha (DIRIGIRSE) ____15____ hacia él a gran ____16____ , aunque no (PODER) ____17____ salvar el golpe. Esa misma fuente explicó que la lancha (SALIR) ____18____ de Illetas e (IR) ____19____ a gran velocidad.

Lee esta entrevista y responde:

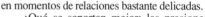

ENTREVISTA

LUIS MARIÑAS

«Un informativo en televisión es siempre una cornisa peligrosa»

Con un equipo de nueve redactores y cinco analistas, Luis Mariñas, el *sandokan* de los telediarios, dirige de lunes a viernes *Entre hoy y mañana*, el único espacio informativo de Tele 5. Un puñado de noticias y los comentarios de cinco analistas, más o menos especializados por áreas, son los ingredientes básicos de este espacio que ya lleva 13 meses en pantalla con notable éxito de crítica y público.

—¿Puede un informativo básicamente de opinión competir con espacios de inversiones superiores que ofrecen noticias propias?

—Las inversiones no tienen nada que ver con las calidades. Yo creo que hemos conseguido un programa de calidad, un informativo que no tenía ningún parangón en lo que hasta ese momento se estaba haciendo.

—Ha dicho recientemente que le han copiado la fórmula...

—Hombre, no sé si tanto como eso... Digamos que hemos creado cierto estilo. Todo ese estilo de diálogo y de informalidad se está intentando en otros canales. Pero eso requiere una cierta dosis de riesgo... y no todo el mundo está dispuesto a arriesgar en este cotarro de la información.

—Dentro de esta apuesta por el riesgo, ¿tiene prevista alguna novedad en su espacio?

—Es evidente que en esto hay que innovar siempre. Los espectadores están esperando siempre que les sorprendan. Esto es espec-

táculo. Y el espectáculo tiene que renovarse a sí mismo por definición. Si no, el espectador busca otro canal.

—¿La información es siempre espectáculo?

—La presentación formal de una información es siempre espectáculo. Y eso es así para cualquier medio, sea en prensa, en radio o en televisión.

—Pero eso, en un informativo, puede dar lugar a situaciones chocantes.

—Sin duda. Y tiene numerosos riesgos. Uno de ellos es el de la chabacanería. Un informativo en televisión es siempre una cornisa difícil en la que puedes caer hacia dos lados: la excesiva seriedad, y por tanto el aburrimiento, o la chabacanería. Pero no hay más remedio que moverse en esa cornisa.

—¿Qué recuerdos tiene de Calviño?

—Yo siempre mantuve unas magníficas relaciones con él, incluso en la discrepancia. Incluso

en momentos de relaciones bastante delicadas.

—¿Qué se soportan mejor: las presiones de un político o las de un propietario?

—Yo no he tenido presiones. He tenido sugerencias y las he aceptado o no en función de mi criterio.

—¿Volvería a TVE?

—No digo ni que sí ni que no. Un periodista siempre debe estar dispuesto a tener una cierta movilidad. Además, yo creo que TVE es una de las mejores televisiones públicas que hay en estos momentos en Europa y además es mi empresa de origen. Allí aprendí a hacer televisión.

—¿Cuáles van a ser esas novedades que introducirá en su espacio?

—Estamos preparando nuevos decorados y vamos a cambiar la disposición de nuestros analistas para lograr un ambiente más cálido y cercano.

—Pero habrá algo más...

—Hay también previstas algunas incorporaciones importantes; pero no puedo desvelar nada más porque cada vez que dices algo se le enciende la luz a alguien.

—En resumen, que no van a aumentar los informativos en la programación de Tele 5.

—A mí me corresponde presionar para que aumenten las inversiones y los recursos, pero son los responsables de la cadena los que definen y deciden lo que resulta más o menos rentable.

—¿Es más rentable invertir en otros espectáculos antes que en el show informativo?

—Algo de eso hay.

Miguel Madariaga
Fotografía Miguel Gener

1. ¿En qué consiste el programa «Entre hoy y mañana»?
2. ¿En qué se diferencia del resto de los informativos?
3. ¿Qué quiere decir Luis Mariñas cuando habla de «cornisa»?
4. ¿En qué canal trabaja Luis y en qué canal empezó a trabajar?
5. En cualquier espectáculo y programa, para sorprender al espectador es importante _____ .
6. ¿Son rentables los informativos?
7. De estos tipos de programas, ¿cuáles tienen más audiencia en tu país? Puedes hacer una encuesta en clase.

- Informativos
- Culturales
- Infantiles
- Documentales

- Concursos
- Cinematográficos
- Musicales

3 Escribe el verbo entre paréntesis en la forma adecuada:

1. ¿Estás seguro de que ésta (SER) _____ la carretera que va a la playa?
2. Antes de casarse, Inés no creía que su marido (SER) _____ tan derrochador.
3. Yo pensaba que me (LLAMAR, vosotros) _____ para ir juntos al cine.
4. No tengo ni idea de si Juan (VENIR) _____ o no a la boda.
5. No sabía que Andrés (COMPRARSE) _____ un coche nuevo.
6. No creo que Ana (ESTAR) _____ enfadada por la discusión de ayer.
7. Supongo que ahora que has cobrado me (PAGAR, tú) _____ lo que me debes, ¿no?
8. No creo que los viajeros (LLEGAR) _____ ya a las fuentes del Nilo.
9. Pensaba que el domingo pasado no (VENIR) _____ a mi casa para no encontrarte con Eusebio.
10. No estoy seguro de que este año nos (SUBIR, ellos) _____ el sueldo tanto como el año pasado.
11. Yo creía que esta película (SER) _____ de Pedro Almodóvar.

4 En este texto se han borrado algunas palabras (preposiciones, conjunciones, artículos). Trata de reponerlas:

No bajar la guardia

Se trataba claramente _____ una irregularidad; en aquel bar, que ni siquiera reunía _____ condiciones higiénicas mínimas, les estaban cobrando de más. Ante un camarero de tan groseros modales, _____ conversación llevaba camino de convertirse _____ riña. Hasta que ____ alguien se le ocurrió echar mano _____ arma secreta de los consumidores ____ dijo: «Por favor, la hoja de reclamaciones». Como si hubiera invocado al hombre del saco ante _____ niño, el tono _____ hostelero se dulcificó y las diferencias se minimizaron. Pero, ¿qué habría ocurrido de no llegar a un acuerdo?

_____ experiencia muestra _____ no todo el mundo sabe defenderse en estos casos. _____ pesar _____ la creciente conciencia que el consumidor está adquiriendo _____ España gracias _____ esfuerzo del Instituto Nacional de Consumo _____ de las asociaciones de consumidores, escenas como las descritas ni se llegan a producir _____ muchos casos. Los clientes pagan y se van con la conciencia de haber sido estafados, _____ tranquilos « _____ haber evitado un disgusto». En realidad, el disgusto no es tan grande. De no haber llegado _____ un acuerdo en el bar _____ camarero debería haber entregado a los clientes _____ hoja de reclamaciones, que _____ realidad son varias, _____ que éstos las cumplimenten y se queden con dos copias, una como comprobante y otra para remitir _____ un plazo máximo de un mes a los órganos competentes en materia _____ consumo del lugar donde se encuentre.

El País estilo
Mayo 1991

 El verbo ECHAR es muy utilizado tanto en la lengua hablada como en la escrita, sobre todo formando expresiones. Sustituye estas expresiones por uno de los verbos del recuadro.

dormir	añorar	encontrar	estropear
repostar	cerrar	ayudarme	reprochar

1. ¡Carlos!, ¿te importa *echarme una mano*? Me he quedado atascada con el ordenador y ahora no sé cómo salir.

2. Cuando salí de mi país *eché de menos* muchas cosas, la comida, mi casa, y sobre todo, a los amigos.

3. ¿Sabes? Juan y Ana tuvieron una discusión muy fuerte. Ana le *echaba en cara* a Juan que viniera de trabajar todos los días a las tantas.

4. Yo, en verano, *echo la siesta* todos los días.

5. El niño ya ha *echado a perder* los pantalones nuevos, los ha manchado de tinta.

6. Para en la próxima gasolinera, tenemos que *echar gasolina*.

7. A. ¿Seguro que *has echado la llave?*
   B. Que sí, mujer, que sí.

8. A. ¿Sabes que Eugenio se *ha echado novia*?
   B. No, no lo sabía.

6 Completa con la preposición correspondiente: (ENTRE, ANTE, HASTA, HACIA, DE):

1. Volvió la cabeza _____ donde había sonado el ruido.
2. Llegó _____ el final del andén y se dio la vuelta.
3. Se separó _____ sus amigos y se detuvo _____ el escaparate, para mirar los nuevos modelos de coche.
4. Se dirigió _____ la puerta y salió _____ local.
5. _____ las piedras crecían pequeñas matas de hierba.
6. Este verano está siendo muy seco. No lloverá _____ el otoño.
7. _____ plato y plato, daba tiempo a hacer la digestión.
8. Se quedó sorprendido _____ la reacción de su amigo.
9. El deseo de muchos pueblos es caminar _____ la democracia y la justicia.
10. Sin motivo, se suscitó una polémica _____ ambos amigos.

7 Escucha esta noticia acerca de las telenovelas (llamadas también popularmente «culebrones») y señala luego la respuesta adecuada:

1. a) El canal estatal seguirá incluyendo culebrones en su programación.
   b) Sólo el canal estatal y otra transmisora dejarán de incluirlos.
   c) Sólo el canal estatal y otra emisora emiten culebrones.

2. Predominan las series
   a) mexicanas, venezolanas y argentinas.
   b) chilenas, venezolanas, argentinas y brasileñas.
   c) brasileñas, mexicanas, venezolanas y argentinas.

3. a) Los peruanos están preocupados y por eso impiden el auge de las telenovelas.
   b) Los peruanos no están preocupados, sólo los educadores, padres de familia, psicólogos, etc.
   c) Los educadores, padres de familia, etc. están preocupados, pero eso no impide el auge de las telenovelas.

4. En las encuestas
   a) La mayoría de los peruanos son partidarios de los informativos.
   b) La mayoría de los peruanos son partidarios de las telenovelas.
   c) Las series policiales y eróticas son las de mayor acogida.

5. Según Martha Hildebrand
   a) Las mejores son las peruanas.
   b) Las brasileñas equivalen a los cuentos de caballería de otros tiempos.
   c) Las brasileñas no son recomendables.

6. Héctor Lama señala que:
   a) En las series brasileñas se margina a la mujer.
   b) En general se margina a la mujer, menos en las brasileñas.

7. a) Los directivos compran las telenovelas porque son baratas.
   b) Los directivos producen las telenovelas porque sus costos no son altos.
   c) Producir telenovelas en Perú no está bien visto.

1 Lee la carta al director y trata de explicar el significado de las expresiones coloquiales que aparecen en ella:

La epidemia del tuteo

Deseo aplaudir, sinceramente, la carta del señor Just Gatius, del 26-3-90, por tener la valentía de llamar a las cosas por su nombre y por nadar a contracorriente. Efectivamente, con el cambio político de los ochenta, se ha desatado una fiebre igualitaria (por abajo) y tuteadora, digna de mejor causa. Casi no pasa día en que no tenga que «cortar», educada pero tajantemente, a aquellos campechanos que, aun viendo que yo, cuarentón, les trato de usted, no me apean el tuteo así los aspen.

No importa la edad ni el sexo ni la posición social ni ninguna otra de las zarandajas (para ellos) contenidas en los más elementales tratados de urbanidad. Ellos a lo suyo: Al «tú», al «vale», al «tío» y al «rollo».

De todos modos, señor Gatius, el problema ya nace en las escuelas. No se dan los buenos días al entrar, ni las buenas tardes al salir. Se tutea a los profesores, generalmente con su beneplácito, etc. A todo esto, las Asociaciones de Padres de Alumnos siguen sin decir esta boca es mía.

Santiago QUINTELA
Gavà

A.
1. Llamar a las cosas por su nombre.
2. Nadar a contracorriente.
3. Se ha desatado una fiebre igualitaria (por abajo).
4. Digna de mejor causa.
5. No me apean el tuteo así los aspen.
6. Ellos a lo suyo.
7. Sin decir esta boca es mía.

B. — Completa las frases con la información sacada de la carta:

1. El autor de la carta se queja de _____ .
2. Esta costumbre se ha impuesto a partir de _____ .
3. Aunque él trata de usted a los desconocidos, muchos _____ .
4. En estos casos él se ve obligado a _____ de una forma _____ .
5. Los partidarios del tuteo no tienen en cuenta ni _____ ni _____ ni _____ .
6. El problema tiene su origen en _____ donde _____ y _____ .
7. Ante esta situación, las Asociaciones de Padres de Alumnos _____ .

C. — Escribe una carta defendiendo el tuteo.

Completa con los pronombres adecuados. (Un pronombre en cada espacio):

1. He dormido sólo cuatro horas y estoy que no _____ tengo en pie.
2. Date prisa ____ ____ va a hacer tarde y vas a perder el tren.
3. Ha ganado un premio de poesía y ____ ____ ha subido la fama a la cabeza.
4. Tengo que salir de casa a las 7.00, el trayecto _____ lleva 1 hora y cuarto.
5. Todos le pedían que contase su viaje por el Amazonas, y él _____ negaba una y otra vez, _____ encanta hacer _____ de rogar.
6. Dice constantemente impertinencias, porque todo el mundo _____ ríe las gracias.
7. No sabe narrar, en medio del relato _____ pierde en los detalles.
8. En mitad de la entrevista perdió los nervios y _____ echó a llorar.
9. Nadie sabe cómo Juan ____ ____ arregla para vivir tan bien con un sueldo tan bajo.
10. ¡Hola, Concha!, ¿qué tal ____ ____ ha dado hoy la venta?
11. Ahora _____ pesa lo que _____ he dicho a mi madre, creo que he sido demasiado duro.
12. Ya verás como consigue _____ que quiere, ese ____ ____ sabe todas.
13. A José Luis últimamente ____ ____ ve muy ocupado, no sabemos qué _____ traerá entre manos.
14. Llevo más de dos horas y no _____ sale este maldito problema.
15. Buenos días, señor, ¿quiere algo?, ¿qué ____ ____ ofrece?

Expresa la diferencia de edad de estas personas:

Ejemplo: Pablo tiene 3 años y su hermana, 6 meses.

Pablo le lleva a su hermana dos años y medio.
Pablo y su hermana se llevan dos años y medio.
Pablo es dos años y medio mayor que su hermana.

1. Margarita tiene 35 años. Su marido 42.
2. Jesús tiene 20 años. Su novia, 22.

3. Angela tiene 18 años. Su amiga Socorro, 17.
4. Tomás tiene 18 años. Su primo, 12.

Formula de otra manera más expresiva los cambios experimentados por estas personas:

Ejemplo: Carmela ha engordado mucho.

¡Cómo ha engordado Carmela!
¡Qué gorda está Carmela!
Carmela está cada día más gorda.

1. Alejandro está muy alto.

2. Amparo está más guapa.

3. Mercedes ha adelgazado mucho.

4. Mi vecino está más antipático cada vez que lo veo.

5. Javier está muy viejo (para su edad).

Lee este caso judicial y completa la información que te pedimos:

CASO
SENTENCIA
Fue condenado por imprudencia temeraria

Perdió todo el control de la motocicleta y atropelló a una persona.
Tras el oportuno juicio fue condenado por imprudencia temeraria.

Un día Gonzalo L. circulaba por una carretera sin estar legalmente habilitado para ello, una motocicleta de todo terreno que sólo puede ser utilizada en el campo para pruebas deportivas, ya que está prohibido circular con ella por vías públicas. En tal situación, Gonzalo L. realizó con la motocicleta diferentes maniobras acrobáticas y llegó a un punto en que ya no pudo dominar la moto, perdiendo totalmente el control de la misma y atropellando a Carlos P. y Julio M. que iban caminando en la misma dirección. Como consecuencia de las lesiones originadas, Carlos tardó en curar veinte días; mientras que Julio necesitó un tratamiento de 428 días, quedándole secuelas de todo tipo. Tras realizar el correspondiente juicio, el juez dictó el siguiente.

Fallo: *«En virtud de cuanto antecede, se resuelve condenar al procesado Gonzalo L. como autor de un delito de imprudencia temeraria, previsto y penado en el artículo 565.1. del Código Penal, a la pena de un año de prisión menor y privación de cuatro años del permiso de conducción si lo tuviera, o de obtenerlo en el mismo plazo, con las accesorias de suspensión de cargo público y derechos de sufragio durante el tiempo de la condena, y a indemnizar a Carlos P. en la cantidad de 50.000 ptas. por las lesiones que le causó y a Julio M. en la cantidad de 1.600.000 ptas. por los días que estuvo lesionado e impedido y 10.000.000 de pesetas por las secuelas, cantidades que serán satisfechas por el procesado o, en su caso, el responsable civil subsidiario, que será el Consorcio de Compensación de Seguros.*

José Bermúdez de Castro.

1. Resumen de los hechos: _____ .

2. Las consecuencias fueron: _____ .

3. El delito cometido consistió en: _____ .

4. El procesado fue condenado a:

   a) privación de libertad por: _____ .

   b) pérdida de derechos civiles, ¿cuáles? _____ .

   c) indemnizaciones. _____ .

Lee el texto y responde a las preguntas:

—Y yo, cuando regrese a Lima, jamás podré olvidar todo lo que nos has ayudado tú aquí en París —le contestaba siempre Eugenia.
—Ojalá no regresaran nunca al Perú.
—Estoy segura que Raúl ya está pensando en la forma de volver clandestinamente.
—Pero...

—No hay peros que valgan, Santiago. Tú ya conoces a Raúl. Pero cambiemos de tema... Ya sabes que yo...
—A mí no es necesario que me cuentes ni que me expliques nada, Eugenia.
—La verdad, Santiago, sólo hay una cosa que puedo contarte. Un día desapareceremos, y a lo mejor pasan años antes de que vuelvas a saber de nosotros. Así es nuestra vida.

—Y así es la mía también, por culpa de ustedes dos.

—Si supieras cuánto me gustaría verte casado.

—¿Tú te casarías con un hombre que vive exclusivamente en función de las arañas?

—*Yo* me casaría contigo, Santiago, si no quisiera tanto a Raúl y si no tuviera que cuidarlo tanto.

—Eugenia...

—A los dieciocho años todas soñamos con casarnos con un ídolo, como los llamas tú. Pero después, no sé. Después es mucho más bonito vagar por París como un hombre como tú. Te lo digo en serio, Raúl...

—Eugenia...

—Y te digo mucho más, mucho más, Santiago. Te lo digo pensándolo bien y sintiéndolo muy sinceramente... Si algo le pasara un día a Raúl...

—¡Eugenia! ¡No puedes decir eso! ¡No puedes ni siquiera insinuar una cosa así!

—Ya lo sé, tonto. Ya lo sé. Pero quería decírtelo. Tenía que decírtelo para que lo supieras de una vez por todas, Santiago.

—Amor...

—No me digas amor, imbécil. ¿No te das cuenta de que Raúl está vivo y que yo me moriría si le pasara algo?

—Tú empezaste, Eugenia...

Dos señoras conversan
Bryce ECHENIQUE

1. ¿Qué relación existe entre los tres personajes?
   — Santiago y Eugenia.
   — Eugenia y Raúl.
   — Raúl y Santiago.

2. Escribe lo que sabes de
   Raúl: sus actividades, su carácter.
   Eugenia: sus temores, sus deseos, sus opiniones y sentimientos hacía Raúl y Santiago.
   Santiago: sus manías, su sentimientos hacia Eugenia y Raúl.

3. Trata de explicar la última frase: «Tú empezaste, Eugenia».

Sigue el modelo:

Quédate un momento
Quédate, aunque sólo sea un momento

1. Le llevaré algo, un ramo de flores.
2. Espero que me escribas, una vez al año.
3. Me he propuesto leer todos los días media hora.

4. Tengo que hacer ejercicio, una o dos veces por semana.
5. Llámame de vez en cuando, para decirme cómo estás.

Escucha la conversación entre dos vecinas que no se han visto desde hace tiempo y contesta las preguntas:

1. ¿Con quién ha confundido Ana a la hija menor de Beatriz?
2. ¿Qué hace la hija mayor de Beatriz?
3. ¿Cuánto tiempo hace que está en Sevilla?
4. ¿Qué hace María?

5. ¿Qué quiere hacer Pedro para finales de año?
6. ¿Con quién?
7. ¿Están contentos Beatriz y su marido? ¿Por qué?
8. ¿Qué novedad hay en la familia de ella?

TRANSCRIPCIONES

UNIDAD 1 • ejercicio 5

Niño.—Papá, ¿cuándo tú eras pequeño tenías televisión?
Padre.—¡Qué va! No había tantos televisores, ni ordenadores, ni tantos coches, ni contaminación.
Niño.—¿Y qué hacías en todo el día?
Padre.—Pues más o menos lo mismo que tú..., me levantaba por la mañana y mientras me lavaba, mi madre me preparaba un tazón de leche con cacao y me la tomaba en la cocina, con ella. Las madres no trabajaban tanto fuera de casa como ahora. Mi padre había salido para el trabajo una hora antes.
Niño.—¿Y cómo ibas al colegio?, ¿andando o en autobús?
Padre.—Yo iba andando al Instituto Cervantes, que estaba a unos 20 minutos. Los profesores explicaban la lección, la preguntaban y nos castigaban si no la sabíamos.

No había posibilidad de discutir con ellos como hacéis vosotros ahora. Teníamos asignaturas como Latín, Griego, Ciencias Naturales, Matemáticas, Religión...
Niño.—¿Y después del colegio?
Padre.—Depende. Algunos días teníamos clase por la tarde, entonces solíamos comer un bocadillo en el patio del Instituto porque no podíamos volver a casa. Si no, íbamos a casa a comer. Y por la tarde jugábamos al fútbol con los amigos del barrio en algún parque.
Niño.—Y si no había tele,... ¿qué hacías en invierno por la tarde?
Padre.—Pues escuchábamos la radio. A mí me gustaba escuchar música moderna, pero mi padre quería escuchar las noticias y todos teníamos que callarnos y escucharlas. A las once nos acostábamos.

UNIDAD 2 • ejercicio 7

Señoras y señores, antes de comenzar nuestro viaje y con el fin de que todo vaya lo mejor posible, voy a hacerles unas recomendaciones:
En primer lugar, no olviden colocar su equipaje en el maletero del autobús.
Deben llevar siempre los billetes y documentación personal a mano.
Al subir al autobús, busquen el número de asiento que figura en su billete y ocupen ese mismo asiento durante todo el viaje.

Saldremos muy temprano los días que tengamos que viajar, por eso les recomiendo que hagan el equipaje con tiempo y no se olviden de mirar en la habitación del hotel detenidamente antes de dejarla.
Procuren no olvidar nada de valor en el autobús ni en la habitación del hotel.
Por último, en las visitas programadas, sigan al guía y vayan por donde él les indica, así evitaremos incidentes desagradables.
Muchas gracias y feliz viaje.

UNIDAD 3 • ejercicio 5

[. . .] —Araceli, y tú, ¿dónde trabajas?
Araceli.—Soy enfermera y trabajo en un hospital de la Seguridad Social, en La Paz.
[. . .] —¿Te gusta tu trabajo?
Araceli.—Hombre..., gustarme, gustarme. A veces sí disfruto, cuando me llevo bien con la gente con la que trabajo y cuando los pacientes te agradecen un poco el esfuerzo que haces. Pero la verdad es que es un trabajo muy duro. En algunas plantas, como Urgencias, Medicina Interna o la UVI, es muy deprimente ver todos los días cómo hay gente que viene muy grave y casi siempre muere.
[. . .] —¿Qué horario tienes?
Araceli.—¡Uf! Eso es lo peor de este trabajo, que tenemos unos horarios endemoniados. Trabajo durante 3 semanas en turno de tarde, de 3 a 10, y una semana al mes tengo que hacer obligatoriamente el turno de noche, desde las 10 a las 8 de la maña-

na. Además tengo 3 días más al mes libres, que dependen de cómo esté el trabajo, del resto de la plantilla, o de mis necesidades. El horario de noche no le gusta a casi nadie y es que eso de cambiar las horas de sueño te deja el cuerpo fatal.
[. . .] —¿Llevas mucho tiempo en ese trabajo?
Araceli.—Unos pocos años. Cuando terminé los estudios, trabajé primero en un hospital privado seis años y luego me vine aquí y ya llevo ocho años.
[. . .] —¿Te gustaría cambiar de trabajo?
Araceli.—Bueno, sí, ahora he echado una solicitud para trabajar en un centro de salud, en Medicina Preventiva y todo eso. Me gustaría dar charlas y enseñar todo lo que he aprendido en estos años.
[. . .] —Muy bien, pues muchas gracias y mucha suerte.

UNIDAD 4 • ejercicio 6

Blanca.—¿Diga?
Arturo.—Blanca, ¿estás ya arreglada? Dentro de diez minutos paso a recogerte para ir al juzgado y no te olvides de ningún papel.
Blanca.—De acuerdo, llámame desde abajo.
[. . .]
Arturo.—Hola, ¿has mirado bien si llevas todo?
Blanca.—Que sí, hombre, que sí, en el bolso, ¿y tú?, ¿has rellenado el impreso que te di?
Arturo.—¿Qué impreso?
Blanca.—¿Cuál va a ser?, el del Registro Civil.

Arturo.— Ah, sí, aquí lo tengo, con los otros papeles.
[. . .]
Arturo.—Buenos días, venimos a entregar la documentación para casarnos.
Empleado.—Buenos días, veamos, denme sus papeles... Documento Nacional de Identidad, impreso de solicitud, Partida de Nacimiento, Certificado de residencia... A usted, señor, le falta el Certificado de residencia.
Arturo.—Pero... Blanca, ¿cómo no me dijiste que necesitaba un Certificado de empadronamiento?
Blanca.—Sí que te lo dije, lo que pasa es que no te habrás enterado.
Arturo.—Bueno, bien, a ver si nos da tiempo a pasar por el Ayuntamiento.

Blanca.—Imposible, es casi la una y media y a las dos seguro que cierran.
Arturo.—Iré mañana por la mañana, ¡qué harto estoy de papeleos! (Al empleado). Bueno, mañana, o lo más tarde, pasado mañana traeremos el papel que falta, pero, de todos modos, ¿puede ya anotar el día exacto de la boda?
Empleado.—Sí, sí, como ustedes quieran, el día que ustedes me digan, ya saben que sólo se celebran bodas los miércoles y los sábados. ¿Qué día prefieren?
Arturo.—El sábado de la semana próxima es el día que teníamos fijado.
Empleado.—Muy bien, el sábado día 25, ya está.
[. . .]

Blanca.—Yo creo que ya podías ir también a recoger los billetes, yo he quedado con mi hermana para ir de compras. Esperemos que no haya problemas.
Arturo.—¿Por qué va a haberlos? En estas fechas viaja poca gente, aparte de los ejecutivos.
Blanca.—Recuerda que salimos para Caracas el 26 en el vuelo de las 11 de la noche y desde allí, a Lima, Chile y Argentina, que te den todos los billetes abiertos.
Arturo.—Vaaale, no hace falta que me lo digas más veces, al final me voy a hacer un lío.

UNIDAD **5** • ejercicio 8

Ángel.—¿Sabes que el domingo vienen mis padres a comer?
Susana.—¡Ah sí!, no me acordaba. ¿Qué te parece que pongamos?
Ángel.—No sé, algo ligero, ya sabes que mi padre no puede comer mucho.
Susana.—Entonces podemos poner pollo de segundo plato.
Ángel.—Ya comimos pollo la última vez que vinieron.
Susana.—Bueno, entonces pescado, ahora es el tiempo de la merluza. Está muy fresca y no está cara.
Ángel.—¿Y cómo la vas a hacer?
Susana.—A la vasca, ¿no?
Ángel.—Sí, vale. Compro gambas, guisantes y almejas.
Susana.—Oye, y ¿qué hago de primero?
Ángel.—Cualquier cosa, ¿qué te parece una crema de verduras?
Susana.—¡Uf, no!, demasiado trabajo. Ten en cuenta que antes de comer vamos a ir al Retiro y no me dará tiempo. A ver... ¿Y crema de calabacines? Es muy fácil de hacer y me sale muy buena.

Ángel.—Bueno, no está mal. Además de los calabacines, ¿qué tengo que comprar?
Susana.—Pues... 1 kg de calabacines, dos puerros y una caja de quesitos. Ya que vas a la frutería, compra también unas fresas y las ponemos con nata.
Ángel.—A mí me gustan más con leche.
Susana.—Bueno, pero también compra nata por si alguien quiere.
Ángel.—¿Tenemos vino?
Susana.—Creo que queda alguna botella, pero puedes comprar otra.
Ángel.—¿Blanco o tinto?
Susana.—Mejor blanco, ¿no?
Ángel.—Sí, ése que compramos la última vez estaba muy bien. ¿Alguna cosa más?
Susana.—De momento no. Si se me ocurre algo, ya te lo diré.

UNIDAD **6** • ejercicio 8

1. A. ¿Has llamado por fin a la agencia?
   B. Sí, esta mañana.
   A. ¿Y en qué habéis quedado?
   B. Me han dicho que podemos pasar a recoger los billetes esta tarde a partir de las cinco.
   [. . .]

2. A. Ha llamado tu jefe y ha dicho que mañana a las 8 pasa a recogerte para ir al aeropuerto.
   B. Pero, ¿qué dices? Si habíamos quedado en que mañana no tenía que ir por la oficina, le pedí permiso y me lo dio.
   A. Ya, pero por lo visto llegan unos clientes muy importantes y tenéis que ir a esperarlos.
   B. Ahora voy a hablar yo con él y ya veremos.
   [. . .]

   B. Sí, tienes razón, mañana a las 8 pasa a recogerme.
   [. . .]

3. A. ¿Todavía estás así? ¿No tienes que reunirte esta tarde con tus compañeros?
   B. No, lo homoo dejado para el viernes, a Concha le venía mal hoy.
   A. ¡Qué faena!, el viernes habíamos quedado en salir a tomar algo y al cine.
   B. ¿Qué le vamos a hacer?, vamos el sábado al cine, ¿te parece?

4. A. ¿No vas a preparar algo de comer? Ya va a empezar a llegar la gente.
   B. Lo siento, hoy te toca a ti, acuérdate de que quedamos en que una vez preparaba yo las cosas y otra tú, y hoy es mi día libre.
   A. ¡Cómo eres!, sabes que he venido muy cansada.
   B. ¡Vale!, yo te ayudo, pero tú también haces algo, ¡te conozco!

UNIDAD **7** • ejercicio 4

1. Hombre.—¿Qué le pasó a Ana M.ª en el restaurante?
Mujer.—Pues nada, le pidió al camarero que le trajera una botella de agua con gas y éste le trajo agua sin gas. Ella le dijo que no la quería, que le trajera otra y el camarero le contestó, con malos modos, que entonces tendría que pagar las dos. Ella se enfadó mucho y pidió hablar con el encargado pero no estaba. Al final, cuando dijo que quería el libro de reclamaciones, entonces el camarero cambió de actitud y accedió a traerle el agua con gas, sin cobrársela.

2. Mujer.—¿Qué habéis hecho estas vacaciones?
Mujer.—Primero Juan dijo que iríamos a Benidorm porque sus amigos holandeses habían alquilado un apartamento para la primera quincena de julio, pero cuando estába-

mos a punto de salir, llamaron los holandeses diciendo que no podían venir, que tenían problemas con uno de los chicos, que estaba en tratamiento médico y no podía salir del país y nos propusieron que fuéramos nosotros a Holanda, así que cogimos el avión y nos fuimos los quince días a Amsterdam.

3. Hombre.—¿Viste la novela?, ¿qué pasó en el capítulo de ayer?
Mujer.—Pues mira, Gabriela le dijo a Tito que quería divorciarse, que ya no aguantaba más y Tito le contestó que no lo entendía, que pensaba que ella era feliz con él. Entonces Gabriela le dijo que él había cambiado mucho, que no era el mismo de antes. Así que Tito se puso a llorar y preguntó qué iba a ser de sus hijos si se divorciaban.

1. *En el metro. «Atocha»*
   A.—Perdone, por favor, ¿para ir a Colón?
   B.—¿A Colón?..., a ver..., ésta es la línea 1 y Colón está en la 4. Mire usted, tiene que ir hasta Bilbao y allí hacer transbordo.
   A.—¿Por aquí?
   B.—No, por aquí va en dirección contraria. Tiene que ir por aquel pasillo, en dirección a Plaza Castilla hasta Bilbao. Allí coge la línea 2, dirección Esperanza, y hay dos estaciones.
   A.—Muchas gracias.
   B. No hay de qué.

2. *En el mostrador de facturación de Iberia.*
   Pasajero.—¡Buenas tardes!
   Azafata.—¡Buenas tardes!, ¿me enseña su billete?
   [...]
   Azafata.—¿Fumador?
   Pasajero.—No, no fumador (por favor).
   Azafata.—¿Prefiere ventanilla o pasillo?
   Pasajero.—Me da igual.
   Azafata.—Tenga. ¿Quiere poner el equipaje en la báscula?
   Pasajero.—Sí, claro.
   Azafata.—¿Y esa bolsa?
   Pasajero.—Es para subirla al avión.

Azafata.—No, lo siento, no puede llevarla a bordo, es demasiado grande. Sólo tiene derecho a llevar un bolso de mano.
Pasajero.—Es que me gustaría subirla.
Azafata.—Lo siento, no se puede.
Pasajero.—Bien, de acuerdo.
Azafata.—Entonces, vaya a la sala de control de pasaportes y preséntese en la sala de embarque n.° 3 dentro de media hora.
Pasajero.—De acuerdo, gracias.
Azafata.—De nada.

3. *En la calle, buscando el autobús n.° 2.*
   Pedro.—¡Buenos días!
   Guardia urbano.—Buenos días. ¿Puedo servirle en algo?
   Pedro.—Sí, mire, es que me han dicho que el autobús n.° 2 va a Callao, pero no veo la parada.
   Guardia.—Claro, es que por aquí no pasa el 2. Por aquí pasan el 12 y el 14.
   Pedro.—¿Y por dónde pasa el 2?
   Guardia.—A ver..., un momento...; sí, mire. Lo mejor es que coja usted el 12, que para aquí mismo. Luego se baja en la tercera parada y allí pregunta por el autobús n.° 2. Y ése sí le lleva a Callao.
   Pedro.—Muchas gracias.
   Guardia.—De nada.

Locutora de radio.—Buenas tardes, señoras y señores, pasamos ahora a informarles de los últimos acontecimientos culturales.

(Montevideo, domingo 13 de mayo de 1990)

«Mujeres vistas por mujeres»
El próximo jueves 17, a las 19 y 30 horas en el Subte Municipal, quedará inaugurada la exposición fotográfica: «Mujeres vistas por mujeres», que permanecerá abierta al público hasta el 5 de junio, todos los días de 17 a 21 horas.
Se trata de una selección de 40 fotos que ilustran la vida de la mujer latinoamericana en el trabajo, el amor, la calle y la participación femenina en todos los aspectos de la dinámica social.
Está organizada por la Comisión de la Comunidad Europea para América Latina, que el pasado año organizó un concurso en Caracas, Venezuela, premiando este material que ahora se exhibe en nuestro país, el primero en recibir la muestra fuera de la sede del concurso. Viene acompañada de afiche, folleto y catálogo.
Al mismo tiempo se organizan tres actividades paralelas: una exhibición de fotos sobre la mujer uruguaya, que también fueran seleccionadas en reciente concurso propiciado por la mencionada entidad y nuestro Ministerio de Educación y Cultura; una serie de charlas, conferencias y mesas redondas en torno al tema, con participación de destacadas personalidades especializadas en diversas disciplinas y la proyección de 17 vídeos realizados en varios países latinoamericanos que incluyen varios nacionales. Los días y horas de las charlas y la proyección de vídeos serán anunciados oportunamente.

Auspicia esta exposición el Ministerio de Educación y Cultura, el Plenario de Mujeres Uruguayas (PLEMU) y el Departamento de Cultura de la Intendencia Municipal de Montevideo, habiendo coordinado las áreas respectivas Ana María Balparde, Carmen Tornaría y Alicia Haber, asesora artística del mencionado departamento municipal. Actúa como curadora Diana Reches y el montaje de la exposición estará a cargo del Arq. César Barañano.

ESPECTÁCULOS
Teatro femenino
SANTIAGO DE CHILE. (ANSA).—En el Teatro de la Universidad Católica de Santiago se estrenó la obra «Cariño malo», un montaje debido íntegramente a manos femeninas, donde el texto y la escenografía, pasando por la dirección, la música y la interpretación.
La obra cuenta un crimen pasional como punto de partida para explorar el alma femenina y las luchas contra las trabas que le impiden liberarse.
Las intérpretes son tres: Inés Stranger, Claudia Echenique y Paulina García, pero en realidad encarnan a una sola mujer. La escenógrafa es Marcela Correa y la vestuarista, Alejandra Muñoz. Sus creaciones, apoyan, estéticamente, los climas y las varias facetas del personaje clave. La dirección de Claudia Echenique fue muy eficaz, según el juicio de la crítica local. Y fue juzgada también muy válida la música de Magdalena Soto. La producción lleva la firma de Elizabeth Rodríguez.
La elaboración del texto y el montaje de la obra llevó ocho años de preparación. Se escenifica una especie de rito o sacrificio que termina por liberar a la protagonista.

(En una emisora de radio)
Locutora.—Buenas tardes, queridos oyentes. Como todos los viernes a esta misma hora, les habla Nieves Alonso. Nuestro espacio de hoy está dedicado a mostrarles los graves problemas que afectan a las especies animales que habitan en nuestros ríos. Para ello, hemos traído al estudio al Dr. Valle Quiroga, experto en estas cuestiones y representante de una de las asociaciones ecologistas más importantes de nuestro país. Buenas tardes, Dr. Valle, bienvenido a nuestro programa.
Dr. Valle.—Gracias, buenas tardes.

Locutora.—En primer lugar, ¿cuál es el estado de nuestros ríos?
Dr. Valle.—Como todos desgraciadamente sabemos, los ríos españoles se encuentran en un estado de creciente contaminación. Las causas son muchas, fundamentalmente las numerosas industrias que vierten sus desechos, la construcción incontrolada de urbanizaciones y complejos turísticos que contribuyen, por un lado, a ensuciar las aguas y por otro, a disminuir de forma alarmante el caudal de los ríos. En menor medida, los restaurantes y chiringuitos que vacían a diario enormes cantidades de basura en las riberas de los ríos.

Por otro lado, la pesca, muchas veces incontrolada, de especies protegidas, la utilización de pesticidas, la creciente desertización debido a los incendios forestales..., en fin, para qué seguir, ya ven ustedes que la situación sobre la fauna fluvial es bastante grave.

Locutora.—La repercusión de esta situación sobre la fauna fluvial es bastante evidente, ¿no, doctor?

Dr. Valle.—Efectivamente, el número de peces ha disminuido considerablemente, algunas especies están en vías de extinción, otras han desaparecido por completo y no es raro que hoy no sea posible encontrar ni un solo animal vivo en ríos que hasta hace poco tenían abundante pesca.

Locutora.—¿Qué medidas se han tomado o se pueden tomar para remediar esta situación?

Dr. Valle.—Bueno, en estos últimos años la Administración ha declarado protegidas a algunas especies, prohibiendo su captura y los infractores son castigados con multas que pueden llegar hasta las 500.000 pesetas. También reciben sanciones aquellas empresas que no han instalado depuradoras eficaces.

Locutora.—Está claro que esto no parece suficiente, ¿qué otras medidas propondría usted?

Dr. Valle.—Lo fundamental es la mentalización de la gente, que el propietario de una industria, el pescador furtivo, las constructoras inmobiliarias y también el ciudadano particular, todos nosotros, nos demos cuenta de que las consecuencias de este deterioro nos afectan, que la riqueza y el bienestar presente conducen a un empobrecimiento no muy lejano.

Locutora.—Muchas gracias, doctor, por su intervención y esperemos que nuestros oyentes hayan quedado convencidos de la importancia de que todos cuidemos nuestros ríos y también todo aquello que forma parte de la naturaleza y que contribuye a hacer más agradable la vida.

Dr. Valle.—Gracias a usted. Buenas tardes a todos.

UNIDAD 11 • ejercicio 7

Los canales de televisión peruanos emiten 29 telenovelas a la semana. (EFE.)

Lima. Durante 129 horas por semana, los hogares peruanos están dominados por las diferentes e interminables novelas que se transmiten por televisión, como una evasión de la dura realidad actual.

Son nada menos que 29 las que se ofrecen estos días por cinco de los siete canales que hay en Lima, más las repetidoras que existen en provincias.

Sólo el canal estatal, que anunció que ya no emitirá ninguna serie después de que finalice la repetición del culebrón «Oshin», y otra transmisora dejarán de incluirlas en su programación.

Las que predominan son las mexicanas, venezolanas, argentinas y, preferentemente, las brasileñas, que son las mejor consideradas.

El fenómeno de la telenovela que ha invadido los hogares peruanos preocupa a educadores, padres de familia, psicólogos, lingüistas y médicos; sin embargo, ello no impide su auge. Según un sondeo hecho entre 6.500 personas, los limeños tienen preferencia por los noticieros de la televisión y los culebrones.

El 75 por ciento de los encuestados se mostró partidario de los informativos, el 50 por ciento de las telenovelas y sólo el 3,7 confesó su afición por los programas culturales.

Las series policiales de mucha violencia o de corte erótico tampoco tienen mucha acogida, señala la encuesta.

Para los niños, dice el decano del Colegio de Psicólogos de Lima, Carlos Ponce, este tipo de producciones «afectan su comportamiento porque confunden la realidad con la fantasía y creen que su contenido es un reflejo de la realidad actual».

Para Martha Hildebrand, ex directora del Instituto Nacional de Cultura y miembro de la Academia Peruana de la Lengua, su número es excesivo. Indicó que «sólo se salvan las brasileñas, que por sus guiones y producción son las mejores y recomendables».

Hildebrandt indicó que este género televisivo no se puede ignorar «porque equivale a los cuentos de caballería o folletines de otros tiempos, pero con gran diferencia de calidad».

El psicólogo de la Universidad de San Marcos, Héctor Lama, señala que en ellas «se margina a la mujer, salvo en las brasileñas, donde asume retos abiertos y directos y enfocan problemas de grupos sociales con visión realista».

Por su parte, los directivos de los diferentes canales de televisión indican que «compramos telenovelas porque sus costos no son altos y producirlas en Perú en medio de la crisis económica, es atreverse a perder la empresa».

Existe aparentemente una cierta «adicción» a las telenovelas, que ha terminado muchas veces en la comisaría al agredir un marido a su mujer por hallar al volver a su casa que la comida no está preparada en beneficio de las peripecias de los héroes televisivos.

UNIDAD 12 • ejercicio 8

Ana.—Hola, Beatriz, ¿qué tal? Esta mañana he visto a tu hija la mayor, no la conocía, cómo ha cambiado, está guapísima.

Beatriz.—Habrás visto a la segunda, porque Amparo, la mayor, está fuera.

Ana.—La morenita, la de pelo largo.

Beatriz.—Esa es María, la segunda. La mayor vive en Sevilla, sacó las oposiciones de inspector de Hacienda, aquí no había plaza y tuvo que irse, allí está desde hace un mes.

Ana.—Enhorabuena, no lo sabía...

B.—La segunda, María, está ya en 4.º de Derecho.

A.—¡Qué suerte habéis tenido con vuestros hijos! Pedro ya sé que está también trabajando, me lo dijo mi sobrino Nacho.

B.—Sí, hija, y para finales de año quiere casarse.

A.—Pero es muy joven, ¿no?, y, ¿con quién se casa?, ¿con Isabel?

B.—¡Qué va! La dejó hace ya casi un año, ¡menudo disgusto nos llevamos! Se quiere casar con una chica alemana que conoció en uno de sus viajes de trabajo. La verdad es que estamos muy contentos, la chica ha venido a casa y nos ha parecido que se entienden muy bien, y eso es lo principal.

A.—Sí, mujer, ya verás como todo va bien. Además, en esas cosas es mejor no meterse mucho y que decidan ellos.

B.—Pero bueno, y tú, ¿qué me cuentas de tus hijos?

A.—Rosa y Antonio están esperando un niño, estamos contentísimos.

B.—Es el primero, ¿verdad?, y tenían tantas ganas.

A.—Sí, desde que se casaron, hace ya tres años, estaban detrás del niño.

B.—Cuánto me alegro, dales la enhorabuena de mi parte, y los otros ¿cómo están?

A.—Todos bien, como siempre. Bueno, Beatriz, me alegro mucho de haber estado un rato contigo..., a ver si nos vemos con más frecuencia.

B.—Igual te digo, un día de éstos te llamaré para que vengáis a casa a tomar un café.

A.—Estupendo, me encantará. Adiós.

CLAVE DEL LIBRO DE EJERCICIOS

UNIDAD 1

1. a) inseguro
b) valiente/audaz
c) generoso
d) trabajador/diligente
e) impuntual
f) maleducado/grosero
g) sencillo/humilde/modesto
h) débil

2. a) sabía
b) puedo
c) eran - terminé
d) salía
e) abría - decía
f) era - murió - era
g) tengo - tenía
h) tenemos
i) sabían

3. Actividad libre.

4. a) ¿Sigues saliendo con...?
b) ¿Sigues viajando tanto como antes?
c) ¿Sigues fumando?
d) ¿Sigues trabajando en la misma empresa de antes?
e) ¿Sigues comiendo en el mismo restaurante?

5. 1. ... tantos televisores, ni ordenadores, ni tantos coches, ni contaminación.
2. ... trabajan mucho fuera ... estaban más tiempo en casa.
3. ... bastante cerca ... andando; tardaba unos 20 minutos.
4. ..., por lo general, severos. ... nos castigaban si no sabíamos la lección.
5. ... se quedaba a comer en el Instituto ..., como no tenía clase por la tarde, comía ...
6. ... escuchar las noticias ... escuchar música moderna.

6.
1. es-son	6. es	11. está	16. están
2. es-es	7. están	12. estoy-es-estoy	17. está
3. está/estará	8. es	13. es-está	18. es-está
4. Está-es	9. es	14. es	19. está-está
5. estamos	10. está	15. son	20. es-está

7.
1. estaban	8. amoldaba	15. sentaron	22. dejaban
2. vivía	9. era	16. venía/había venido	23. escribían
3. estaba	10. era	17. hice	24. Estudié
4. ponían	11. teníamos/tenían	18. era	25. hice
5. era	12. sabíamos/sabías	19. iba	26. me casé
6. enrollaba	13. viví	20. sabía	
7. era	14. ha marcado	21. estaba	

UNIDAD 2

1. CARVALHO

Profesión — Detective privado.

Aspecto físico — Ojeras hinchadas, alguna grasa en los riñones y el estómago.

Ejercicios físicos — No hace deporte ni ejercicios físicos, al menos en el texto no se dice.

Opiniones — Planas no le deja hablar, está él hablando todo el tiempo, lo único que sabemos es que prefiere tomar un par de huevos fritos con chorizo al levantarse, y no correr como hace el otro.

PLANAS

Profesión — Empresario o industrial (el despacho, la secretaria).

Aspecto físico — Aunque el texto no lo dice, debe ser bastante bueno a juzgar cómo se cuida.

Ejercicios físicos — Hace footing todas las mañanas. Dos veces a la semana toma un masaje subacuático seguido de una ducha escocesa.

Opiniones — Conservarse bien, en buena presencia física, para él eso supone envejecer con dignidad. Es necesario ser constante en sus ejercicios, sacrificarse para tener buena figura.

2. 1.b   2.c   3.c   4.a   5.c   6.b   7.b

3.
1. en el que / donde	6. al que
2. de las que	7. en la que
3. en las que/donde	8. en el que
4. de las que	9. con el que/con quien
5. con el que / con quien	

4.
1. ti	5. me-ellas	9. (con)tigo-(con)migo
2. tú-te-(con)migo	6. se-lo-ella	10. sí.
3. le-ella	7. él-yo-tú-le	
4. te-mí-te	8. yo-yo	

5.
1. tengan	5. callaos	9. salgan
2. habléis	6. hacedlo	10. guárdeselo
3. me lo cuentes	7. explícasela	11. démela
4. repítelo	8. decídmelo	12. no te lo creas

6. Actividad semi-libre.

De las respuestas de Arturo se deduce que el trabajo es su vida (los fines de semana los aprovecha para adelantar el trabajo atrasado, no sabe organizar su tiempo libre). Por el contrario, Blanca se organiza muy bien su tiempo libre, fines de semana o vacaciones para hacer lo que no hace habitualmente. Por lo tanto, no parece que hagan muy buena pareja.

7.

Señoras y señores, antes de comenzar nuestro viaje y con el fin de que todo vaya *lo mejor posible,* voy a hacerles unas *recomendaciones:*

En primer lugar, *no olviden* colocar su equipaje *en el maletero* del autobús.

Deben llevar siempre los billetes y *la documentación personal* a mano.

Al subir al autobús, *busquen* el número de asiento que figura en su billete y ocupen ese mismo asiento *durante* todo el viaje.

Saldremos *muy temprano* los días que tengamos que viajar, por eso *les recomiendo* que hagan el equipaje con tiempo y no dejen de mirar en la habitación del hotel *detenidamente* antes de marcharse.

Procuren no olvidar nada *de valor* en el autobús ni en la habitación del hotel.

Por último, en las visitas *programadas* sigan al guía y vayan por donde él les indica, así evitaremos *incidentes desagradables.*

Muchas gracias y feliz viaje.

UNIDAD **3**

1. 1. ¿Desde cuándo vives en... / estudias... / conoces a....?
2. ¿Cuándo conociste a.../ estuviste en... / llegaste a...?
3. ¿Cuánto tiempo hace que sales con... / tienes ese coche...?
4. ¿Desde cuándo...?
5. ¿Desde cuándo...?
6. ¿Desde cuándo...?
7. ¿Cuánto tiempo hace que esperas?
8. ¿Desde cuándo estás aquí?

2. 1.a ¿Desde cuándo vives en este país?
2.b ¿Cuánto tiempo hace que fumas?
3.a ¿Cuánto tiempo hace que compraste el coche?
4.b ¿Desde cuándo estás en el paro?
5.a ¿Desde cuándo conoces a tu marido?
6.b ¿Cuánto tiempo hace que llevas gafas?

3.
1. (telefon)ista	5. (tax)ista	9. (electric)ista
2. (peluqu)ero/a	6. (traduct)or/a	10. (jardin)ero/a
3. (fontan)ero	7. (enferm)ero/a	11. (direct)or/a
4. (camar)ero/a	8. (futbol)ista	12. (econom)ista

4.
1. creen	4. interese	7. ordene
2. encontremos	5. está	8. decidas/decidieras
3. quieres	6. estuviera	

5.

El resumen, una vez corregidos los errores, quedaría así:

Araceli es enfermera y trabaja en un hospital público. Le gusta su trabajo cuando se lleva bien con la gente con la que trabaja y los enfermos le agradecen un poco el esfuerzo que realiza. El horario es durísimo, ya que trabaja tres semanas al mes durante siete horas diarias y otra semana, en el turno de noche, de 10 a 8 de la mañana. Tiene tres días al mes libres, además de los semanales. Lleva bastante tiempo trabajando de enfermera, y le gustaría cambiar a otro tipo de trabajo, como dar charlas de medicina preventiva.

6. 1. Sí, de autoescuela, para enseñar a conducir.
2. Un aprendiz de mecánico y un oficial de primera, de mecánico también.
3. Tener coche, saber conducir una moto y estar dispuesto a viajar.
4. Sí, 400 pesetas diarias.
5. Depende de la valía, de la capacidad.
6. En uno de los anuncios, necesitan un representante de bisutería para viajar por Madrid y provincia. En el otro, un representante de regalos y perfumerías, para Madrid, Madrid-provincia y Guadalajara.
7. Oficialas, ayudantes y aprendizas.
8. El Graduado Social.
9. Generalmente, este tipo de anuncios buscan vendedores a domicilio (hay que desplazarse, contrato mercantil) pero obsérvese que, a pesar de toda la palabrería, no se especifica por ningún lado la función que se va a realizar.

10.
PROFESIONALES	CATEGORÍAS
decorador	oficial/a
cocinero	auxiliar
camarero	oficial primera
guardarropa	aprendiz
mensajero	ayudante
contable	
representante	
dependiente	
cajera	
aparejador	
graduado social	
planchador/a	
conductor	
tornero	
profesor	

11.— sueldo a convenir: sueldo sobre el que deberán ponerse de acuerdo el trabajador y la empresa según valía del profesional y responsabilidades del cargo.
— retribución según valía: el sueldo dependerá de la preparación y capacidad del candidato.
— experiencia: conocimiento debido al trabajo anterior.
— dedicación total/completa: no trabajar en ninguna otra cosa.
— disponibilidad para viajar: poder hacer viajes cada vez que sea necesario.
— plantilla: el conjunto de trabajadores fijos de una empresa.
— promoción: posibilidad de mejorar o ascender en el puesto de trabajo.
— período de prueba: tiempo durante el que la empresa observa si el candidato es adecuado para el puesto o no.

7. 1. En la serie de pruebas que tiene que realizar el candidato a un trabajo después de haber terminado sus estudios (la primera carrera).
2. Entrevista personal, preguntas, test psicológicos y de inteligencia e, incluso, sesiones de dinámica de grupos.
3. Para saber algunas de las características o cualidades del candidato tales como la constancia, el carácter, la actividad, etc., mediante examen grafológico.
4. El candidato a un trabajo tiene que hacer el papel de gerente de una empresa. La ventaja es que elimina los errores que puede cometer el entrevistador. La desventaja es que la información que se obtiene con la prueba es parcial, no completa.

5. Actividad libre.

6. En hacer una prueba a varios candidatos a la vez. Se utiliza cuando hay varios candidatos para un mismo puesto.

UNIDAD 4

1. 1. Una mayoría (entre el 64 y el 90%)

    a) No realiza aquellas tareas más antipáticas (fregar el baño, planchar, lavar la ropa, limpiar cristales) que hay que hacer en la casa.

    b) Una mayoría y sobre todo los más jóvenes, cree que los hombres deben mostrar sus sentimientos y emociones, no reprimirlos, como es tradicional.

    c) Siguen pensando que es la mujer la que debe ocuparse del cuidado de los hijos, por su «instinto maternal».

    2. Respuesta libre.

2. Actualmente, la población española crece un *cuatro por mil* al año y seguirá aumentando hasta el año *2026*. A partir de ese momento, el número de habitantes empezará a *disminuir*.

En los *años sesenta* existía una fuerte *emigración* a países extranjeros. Dentro de España, la emigración se producía desde *el sur rural/(los pueblos) al norte industrial/las grandes ciudades*. Actualmente, sin embargo, España es un país que recibe a numerosos *inmigrantes*. La gente de las grandes ciudades prefiere vivir *lejos del centro*.

Por una parte, España es el país europeo cuyos habitantes tienen *mayor esperanza de vida*, pero también el mayor índice de *paro*.

3. 1. hubieras hecho   6. estaría
2. habrías perdido   7. podría/hubiera podido
3. saliera   8. hubieran celebrado
4. tuviéramos   9. quisiera
5. tendrías   10. hubiera podido

4. 1. de-en   5. a-de-de   9. al
2. de-a   6. con   10. a
3. en   7. de   11. a
4. de   8. del-a   12. con

5. 1. sean   5. quiera
2. se hayan secado   6. salieran
3. volvamos   7. pudiérais
4. se encuentre-pueda-retransmitan   8. fuera

6.

1. Al juzgado.

2. Que Blanca, la novia, haya olvidado algún papel.

3. Documento Nacional de Identidad, impreso de solicitud, Partida de Nacimiento, Certificado de residencia.

4. Al novio le falta el Certificado de residencia o empadronamiento.

5. En el Ayuntamiento.

6. No pueden ir porque ya es tarde, la una y media, y cuando lleguen, estará cerrado.

7. Harto, cansado del papeleo.

8. El sábado, día 25.

9. Miércoles y sábados.

10. A Sudamérica: Venezuela, Perú, Chile y Argentina.

UNIDAD 5

7. 1. se le   3. se los   5. le   7. se la   9. le
2. la   4. se-él   6. nos   8. se   10. les

1. a) infecciones y problemas de boca y dientes

    b) enfermedades y trastornos de la mujer

    c) enf. infantiles

    d) enf. de garganta, nariz y oído

    e) enf. de la piel

    f) enf. de los huesos (fracturas)

    g) enf. del riñón

    h) enf. del corazón

    i) enf. de los ojos.

2. 1. digo   4. prometieras   7. llamo   10. estés
2. actúa   5. venían   8. devolvieras
3. te portes   6. haga   9. duela

3. Actividad semilibre. Orientaciones:

    1. ¡Ojalá ganara nuestro equipo!

    2. ¡Ojalá hubiera hablado ayer con él y le hubiera dado la noticia más tranquilamente!

    3. ¡Ojalá puedan sacar a esa gente! ¡Ojalá lleguen a tiempo los bomberos!

    4. ¡Ojalá supiera hablar chino!

    5. ¡Ojalá llegue mi marido antes del parto!

4. 1. Que falta calidad, que el servicio no es bueno, que los alimentos no están frescos.

    2. Porque es el restaurante más antiguo de Madrid (fue fundado en 1725).

    3. Con el Museo del Prado.

    4. Turistas de todo el mundo, familias madrileñas, vecinos del barrio.

    5. Cordero asado, cochinillo asado, sopa de ajo con huevo, croquetas de pollo y jamón, morcilla de Burgos, almejas Botín, angulas, merluza al horno, solomillo con champiñones.

5. 1. estás-es   6. está   11. está
2. está   7. es   12. es-está
3. ha sido/fue-está 8. es-está   13. está
4. es   9. es   14. son-están
5. estáis   10. es   15. está-está

6.
1. hospital
2. recuperación
3. hospital
4. pacientes
5. cirugía
6. intervención
7. dado de alta
8. cirujano
9. recuperación
10. operado
11. quirúrgicas

7. B. a) tiritas, alcohol, loción antiséptica
   b) pastillas antimareo
   c) loción antiséptica, algodón, vendajes
   d) unas pinzas
   e) un analgésico

8.
   A. 1. bandeja de fresas
      2. tarrina de nata
      3. dos puerros
      4. calabacines (1 kg)
      5. 1 botella vino blanco
      6. caja de quesitos
      7. guisantes
      8. gambas
      9. almejas
      10. y merluza.

UNIDAD 6

1.
1. ventanillas
2. muelle
3. zarpa
4. cubierta
5. despiden
6. atracar
7. despega
8. aterriza
9. despedidas
10. aparato
11. aeropuertos

2.
1. La procesión es un desfile de carácter religioso formado por personas vestidas con capuchas y túnicas, los nazarenos, que llevan imágenes («pasos»: carrozas con imágenes de Cristo, la Virgen o los santos) y que recorren las calles de ciudades y pueblos españoles durante la Semana Santa.
2. Diversos lugares de Castilla-La Mancha, como son:
   Cuenca; Hellín, Tobarra y Albatara en Albacete; Almagro, cerca de Ciudad Real.
3. En Cuenca, además de las procesiones y sus hermosas calles, se puede disfrutar de las comidas y bebidas típicas: ajo arriero, «alajú» (dulces) y resolí (bebida). En Hellín y Tobarra se puede ver (y oír) la Tamborrada: miles de tambores sonando a un tiempo.
   En Almagro se puede rememorar el tiempo de los romanos en la procesión de «los Armaos».
   En Albatara hay una representación de las escenas más importantes de la pasión de Jesús (prendimiento, pasión y muerte), como en los antiquísimos Autos de Pasión.
   Además, en toda la región hay importantes monumentos y bellos paisajes.
4. Son los colores de las túnicas de los nazarenos y de las imágenes. Estos colores simbolizan la Semana Santa: lujo y riqueza en las imágenes, y el color morado, como símbolo de la pasión y muerte de Jesucristo.
5. Que en ese lugar se pueden revivir acontecimientos históricos.

3.
1. estuviera
2. haya dejado/dejarás
3. cenara
4. haya
5. haga

4.
1. Es mejor que nos quedemos-vayamos; 2. ...que factures; 3. ...que cojas; 4. ...que vaya; 5. ... que llamemos.

5. Actividad semilibre. Orientaciones.
1. vas/ve tú al banco
2. mira/miras la televisón
3. yo pongo la mesa
4. tú friegas la cocina/tiendes la ropa
5. su marido terminaba de arreglarse.

6.
1. al-en-de-en-en
2. del-en
3. a-de-de
4. al
5. de-a-de-en
6. por-en-en-en-en
7. para-por-por

7.
1. F   2. V   3. F   4. F   5.V   6. V   7. V

8.
1. a) En que pueden pasar a recoger los billetes.
   b) Esa tarde a partir de las 5.

2. a) En que mañana a las 8 pasará a recogerlo.
   b) Porque había pedido permiso para no ir a trabajar esa mañana.
   c) Porque llegan unos clientes muy importantes.
   d) El empleado hablará con el jefe personalmente.

3. a) Porque han cambiado de idea, ya que a Concha no le venía bien.
   b) Habían quedado en ir a tomar algo y al cine.
   c) Que irán al cine el sábado.

4. a) Porque no es su turno, le toca descansar.
   b) En que cada vez preparaba las cosas uno de ellos.
   c) Lo hacen entre los dos, a medias.

UNIDAD 7

1.
1. Se fue a EE.UU. en marzo y volvió al cabo de los tres meses/a los tres meses/tres meses después.
2. Publicó su primera novela en 1975 y la segunda dos años después/a los dos años/al cabo de dos años.

3. Trabajó en el teatro hasta 1978 y dos años más tarde hizo su primera película.
4. Ingresó en el hospital el 15 de mayo y dos semanas después/al cabo de dos semanas/a las dos semanas lo operaron.
5. Se casaron en 1980 y al cabo de un año se separaron/al año siguiente/un año después.
6. El jueves nos dijeron que Andrés había muerto y al día siguiente lo vimos sentado en una cafetería.

2.
1. dieras
2. oyeran
3. tomar
4. recete
5. quieres-contarle
6. pedirle
7. entre
8. dices
9. vino-explicáramos.

3.
1. llegaría tarde;
2. no fuera/viniera...
3. iban...
4. a qué hora empezaba...
5. lo/la esperara...
6. cuándo es...
7. no hacía falta que trajéramos nada.
8. nunca había salido...
9. ya ha llevado...
10. terminaría ese trabajo cuando pudiera
11. era posible que J. ya estuviera en casa
12. lo llamara en cuanto supiera algo
13. eran...
14. no quería...
15. le prestara...
16. si trabajábamos más, nos subiría...

1.

1. Ana: Tráigame una botella de agua con gas...

Ana: Perdone, pero ésta no es la que he pedido, es sin gas, ¿puede traerme otra con gas?

Camarero: De acuerdo, señora, pero tendrá usted que pagarla.

Ana: ¿Cómo? No es posible... Quiero hablar ahora mismo con el encargado.

Camarero: En este momento no está.

Ana: En ese caso, quiero el libro de reclamaciones.

Camarero: Perdone, no tiene importancia, le traeré el agua que me ha pedido.

2. Juan: Iremos a Benidorm, mis amigos Hans y Heike han alquilado un apartamento allí para la primera quincena de julio.

(Teléfono), Hans: No sabes cuánto lo siento, no podemos ir a Benidorm, tenemos algunos problemas con uno de los niños, le han puesto un tratamiento médico muy estricto y no podemos viajar. ¿Por qué no venís vosotros a Holanda?

Juan: De acuerdo, pasaremos 15 días en Amsterdam con vosotros.

3. Fue un diálogo muy interesante entre Gabriela y Tito.

Gabriela le dijo a Tito: Quiero divorciarme, ya no te aguanto más.

Tito: No lo entiendo, yo pensaba que tú eras feliz conmigo.

Gabriela: Es que has cambiado mucho, ya no eres el mismo de antes.

Tito (llorando): ¿Y qué va a ser de nuestros hijos si nos divorciamos?

5.
1. Escribí
2. había pensado.
3. iba
4. dejara
5. escribí
6. acompañara
7. invité
8. hizo
9. hablé
10. podía/podría
11. pareció
12. tomamos
13. esperamos
14. fue
15. había sido
16. era

6.
1. Bárbara Rey-A-D
2. Cristina Alberdi-G
3. Enrique Múgica-I-J
4. Hugo Sánchez-E-K
5. Odón Alonso-B
6. Rafael Alberti-H-C-F-

7.
1. era
2. comí
3. conocí
4. recuerdo
5. estaba
6. era
7. fuimos
8. apareciéramos
9. había desarrollado
10. entré
11. comencé
12. tosía
13. reía
14. fue
15. pudo
16. comenzó.

8.
1. j	3. f	5. d	7. b	9. i	11. g
2. a	4. e	6. c	8. k	10. h	

UNIDAD 8

1. A.
1. F	3. F	5. V	7. F	9. F
2. V	4. V	6. V	8. V	

B. a) Semilibre. Orientaciones: Es una persona mayor, un jubilado, no acostumbrado al ajetreo de la gran ciudad, que le aturde. Conserva sus costumbres: hace más de treinta años que se aloja en el mismo hotel. Es bastante ahorrador, no le importa el lujo. Le gusta ser reconocido («el conserje me llama don Eugenio») y no le gusta el anonimato de las grandes ciudades.
b) Respuesta libre.

2.
a) Trabaja tantas horas que no tiene tiempo para nada.
b) Es tan inteligente que desconcierta a sus profesores.
c) Iba tan guapa que llamaba la atención.
d) Conoce a tanta gente que va a todas las fiestas.
e) Compra tantos libros que ya no sabe dónde ponerlos.
f) Habla tan rápido que no se le entiende.

3. Semilibre:
1. tuviera cuatro
2. fuera un jardín
3. supiera más que nadie
4. fueran pobres
5. participara en una carrera de coches.

4.
1. Perdona que no pueda ayudarte a hacer la mudanza..., es que tengo invitados a comer.
2. Perdona que no te haya dicho..., es que hasta ayer no lo supe seguro.
3. Perdona que llegue con retraso, es que el tráfico está fatal.
4. Perdona que no vaya a tu fiesta... ese día tengo un compromiso.
5. Perdona que no pueda hacer... ya están todas las plazas cubiertas.
6. Perdona que no fuera al hospital... estaba fuera.

5.
1. lento	lentitud
2. incómodo	incomodidad
3. denso	densidad
4. rápido	rapidez
5. regular	regularidad
6. vicioso	vicio
7. protegidos	protección
8. vigilar	vigilancia
9. fácil	facilidad

6.
1. Piensa que el progreso puede mejorar las condiciones materiales de vida de los obreros, pero lleva, por un lado, la deshumanización, por otro la pobreza espiritual, provocada por la vida en la gran ciudad, alejados de la naturaleza, el sol, las montañas, etc. Además, la máquina irá sustituyendo poco a poco a los hombres, éstos serán innecesarios, y ¿qué pasará entonces?
2. Su interlocutor no se muestra tan pesimista, piensa que las condiciones de vida (la pobreza) y la deshumanización van unidas; y que si los hombres emigran a las ciudades es porque esto supone un beneficio para ellos. En el segundo punto no se pronuncia, sólo muestra una cierta indiferencia ante el hecho de que «los caballos habrán desaparecido, abatidos por la máquina». En resumen, este segundo hablante no parece haber reflexionado mucho sobre estos temas, ni haber sacado, por tanto, las consecuencias que sacó el primer interlocutor.
3. Respuesta libre. Sugerencias: hoy vivimos mejor que antes, el hombre no tiene que hacer trabajos tan duros (pensemos en los electrodomésticos), las comunicaciones han prosperado mucho, etcétera.

7.
1. había terminado	12. seguí	23. había
2. dispuse/disponía	13. se desvió	24. me di
3. quería	14. dobló	25. había
4. había empezado	15. llevó	26. podía
5. bajé	16. llevó	27. metieron
6. eran	17. proyectó	28. empezaron
7. iba	18. caí	29. pude
8. sentía	19. se arremolinó	30. había
9. estaba	20. era	31. quería
10. iba	21. hacía	32. proponían
11. pasé	22. había	

8.

A	1. V	2. F	3. V	
B.	1. V	2. F	3. F	
C.	1. V	2. F	3. F	4. F

1.
1. Un joven de smoking echa un discurso
2. El pianista toca un schotis
3. Un señor con botines y bombín cuenta chistes procaces
4. El Ballet Holliwood baila unas jotas
5. Hay un descanso
6. Las Hermanas Sisters bailan fox
7. Miss Flora interpreta «Los sueños de Leda»
8. El Ballet Holliwood representa un cuadro flamenco.

2.
1. estrenó	4. actores	7. actores	10. director
2. trágico	5. representar	8. interpretadas	11. obra
3. escenario	6. obra	9. trágico	

3. Respuesta libre.

4.
1. termine	5. pase	9. baje
2. bebieron	6. vino	10. lee
3. hiciera	7. vamos	
4. recibió	8. ofrecieran	

5. Carlos Saura se toma las cosas con bastante tranquilidad, a pesar del revuelo que ha levantado su última película. Los oscar no le preocupan, conseguirlos o no le da igual. Además él cree que los premios son injustos vistos desde fuera, pero no desde dentro del jurado o del entorno del festival.

Respecto a la calificación del cine que hace, dice que la palabra «realista» no le gusta porque es muy equívoca o falsa. Él considera que su cine no es documental, sino intimista. En cuanto al cambio experimentado a lo largo de su filmografía, no está de acuerdo con el entrevistador, lo que ocurre es que a él le gustan muchas cosas diferentes. Y hablando de los temas, piensa seguir roflo jando en sus películas sus obsesiones y la Guerra Civil española, que es un tema universal.

6. a) Mujeres vistas por mujeres
1. *Jueves, día 17, a las 7 y media.*
2. *Todos los días, de 5 a 9.*
3. *Vida de la mujer latinoamericana en el trabajo, el amor, la calle y la vida social.*
4. *Comisión de la Comunidad Europea para América Latina.*
5. 1. *Exposición de fotos sobre la mujer uruguaya.*
   2. *Una serie de charlas, conferencias y mesas redondas.*
   3. *Proyección de 17 vídeos realizados en diversos países latinoamericanos.*

b) Teatro femenino
1. *Teatro de la Universidad Católica de Santiago de Chile. «Cariño malo».*
2. *Crimen pasional, que sirve para explorar el alma femenina y sus luchas contra las trabas que le impiden liberarse.*
3. *Tres intérpretes que encarnan a una sola mujer.*
4. *Buenas críticas. Dirección eficaz, música válida.*
5. *Elisabeth Rodríguez.*

UNIDAD 10

1. 1. se nos 3. se le 5. se te 7. se te 9. se nos
2. se me 4. se le 6. se me 8. se nos

2. 1. Me iré antes de que lleguen.

2. El autor del delito confesó antes de que se celebrara el juicio.

3. Dejaré todo lo del viaje preparado antes de irme a trabajar.

4. Le comunicaron la noticia a la familia un día antes de que saliera en los periódicos.

5. Les llamaré por teléfono antes de ir a verlos.

6. Tengo que estar en casa esta tarde a las ocho antes de que lleguen mis padres.

7. Era un gran deportista antes de que se rompiera/ antes de romperse una pierna.

8. Vendieron el piso antes de comprarse otro más grande.

3. 1. afectan   7. quiera-quiera
2. dañe   8. discutir
3. coja   9. hagan-ganan
4. es   10. pase
5. paguen   11. pretendan-estén-necesitan-hay.
6. llegar

4. 1. V 4. V 7. F 10. V
2. F 5. V 8. V 11. V
3. F 6. F 9. F

5. 1. Como una ciudad callada, romana y mora.

2. Primero las Cruces de Mayo, a continuación la feria de Nuestra Señora de la Salud y en tercer lugar, el concurso de patios.

3. Frescor por el agua de sus fuentes y deliciosos aromas por la abundancia de flores.

4. Las mujeres.

5. Respuesta libre.

6.

1. a) los desechos que vierten las industrias
b) la construcción incontrolada de urbanizaciones y complejos turísticos
c) los restaurantes y chiringuitos
d) la pesca que no respeta las especies protegidas
e) los pesticidas
f) los incendios forestales

2. Aguas sucias, disminución del caudal de los ríos, muerte o desaparición de peces.

3. Multas de hasta 500.000 ptas. por pescar especies protegidas.
Sanciones a empresas que no han instalado depuradoras.

4. Mentalización de la población, tanto de particulares como de industriales y pescadores.

7. 1. h   2. j   3. g   4. f   5. b   6. a   7. c   8. i   9. d   10. e

UNIDAD 11

1. A. 1. fines 8. acuden 15. limpian
2. dejen 9. personajes 16. hacen
3. playas 10. basuras 17. se puso
4. presenten 11. aparecen 18. ha habido
5. lunes 12. luchan 19. se ha logrado
6. representa 13. logran 20. son
7. bañistas 14. ensucien

B. 1. estalló 6. resultaron 11. carretera
2. frente al 7. hotel 12. desactivación
3. gramos 8. autobuses 13. reconoció.
4. estaba 9. se desplazaron
5. se utilizaba 10. desviaron

C. 1. practicaba 8. testigos 14. vio
2. náutico 9. arrolló/había arrollado 15. se dirigía
3. se encuentra 10. ha podido 16. velocidad
4. el pasado 11. dueño 17. pudo
5. dueño 12. han asegurado 18. había salido
6. se dio 13. se arrojó 19. iba
7. identificó/ha identificado

2. 1. En noticias y comentarios de cinco analistas especializados en distintos campos.

2. En que las noticias tienen la forma de diálogos informales.

3. Una «cornisa» es un saliente de la fachada de una casa. Aquí lo emplea el entrevistado en el sentido de que está en una situación peligrosa, de la que es fácil caer, bien hacia el aburrimiento, bien hacia la chabacanería (mal gusto).

4. Trabaja en Tele 5, pero empezó a trabajar en TVE 1, en televisión pública.

5. Renovarse

6. No, es más rentable invertir en otros espectáculos (concursos, por ejemplo)

7. Respuesta libre.

3. 1. es 7. pagarás
2. fuera 8. hayan llegado/llegaran
3. llamaríais/habíais llamado 9. habías venido/viniste
4. vendrá 10. suban
5. se había/hubiera comprado 11. era
6. esté

4. Se trataba claramente de una irregularidad; en aquel bar, que ni siquiera reunía las/unas condiciones higiénicas mínimas, les estaban cobrando de más. Ante un camarero de tan groseros modales, *la* conversación llevaba camino de convertirse *en* riña. Hasta que *a* alguien se le ocurrió echar mano *del* arma secreta de los consumidores *y* dijo: «Por favor, la hoja de reclamaciones». Como si hubiera invocado al hombre del saco ante *un* niño, el tono del hostelero se dulcificó y las diferencias se minimizaron. Pero, ¿qué habría ocurrido de no llegar a un acuerdo?
La experiencia muestra *que* no todo el mundo sabe defenderse en estos casos. *A* pesar *de* la creciente conciencia que el consumidor está adquiriendo *en* España gracias *al* esfuerzo del Instituto Nacional de Consumo y de las asociaciones de consumidores, escenas como las descritas ni se llegan a producir *en* muchos casos. Los clientes pagan y se van con la conciencia de haber sido es-

tafados, *pero* tranquilos «*por* haber evitado un disgusto». En realidad, el disgusto no es tan grande. De no haber llegado *a* un acuerdo en el bar, *el* camarero debería haber entregado a los clientes *la* hoja de reclamaciones que *en* realidad son varias, *para* que éstos las cumplimenten y se queden con dos copias, una como comprobante y otra para remitir, *en* un plazo máximo de un mes a los órganos competentes en materia *de* consumo del lugar donde se encuentre.

5.
1. ayudarme
2. añoré/añoraba
3. reprochó/reprochaba
4. duermo
5. ha estropeado
6. repostar
7. has cerrado
8. encontrado

6.
1. hacia
2. hasta
3. de-ante
4. hacia-del
5. entre
6. hasta
7. entre
8. ante
9. hacia
10. entre

7. 🎧

1. b   2. c   3. c   4. a   5. b   6. b   7. a

UNIDAD **12**

1. A.
1. Decir lo que se piensa con toda claridad, sin eufemismos sobre todo, cuando lo que se tiene que decir es desagradable.
2. Tener ideas y opiniones que no son las que tiene la mayoría de la gente en ese momento, no ir con la moda.
3. Todos tratan de ser iguales, sin respetar diferencias de edad ni jerarquías.
4. Esa «fiebre», esa tendencia, debería emplearse en «causas», empresas mejores.
5. Me tratan de «tú» a pesar de que los trato de usted y soy ya cuarentón. («Aspar» significa torturar a alguien, mortificar, atormentar.)
6. No se dan por enterados, se comportan como acostumbran.
7. Callados, sin decir nada.

B.
1. ...que todo el mundo se tutea.
2. ...los años ochenta.
3. ...le siguen hablando de tú.
4. ...cortarles... tajante.
5. ...la edad, ni el sexo, ni la condición social.
6. ...las escuelas... no se dan los buenos días ni las buenas tardes y se tutea al profesor.
7. ...no dicen nada, no se pronuncian.

C. Actividad libre.

2.
1. me
2. se te
3. se le
4. me
5. se-le-se
6. le
7. se
8. se
9. se las
10. se te
11. le-le
12. lo-se las
13. se le-se
14. me
15. se le

3.
1. El marido de Margarita le lleva siete años/Margarita y su marido se llevan siete años/El es siete años mayor que ella.
2. La novia de Jesús es dos años mayor que él/Jesús y su novia se llevan dos años/Ella es dos años mayor que él.
3. Ángela le lleva un año a Socorro/Ángela es un año mayor que Socorro/Ángela y Socorro se llevan un año.
4. Tomás le lleva seis años a su primo/Tomás es seis años mayor que su primo/Tomás y su primo se llevan seis años.

4.
1. ¡Qué alto está Alejandro! / ¡Cómo ha crecido Alejandro!
2. ¡Qué guapa está Amparo! / ¡Amparo está cada día más guapa!
3. ¡Qué delgada está Mercedes! / ¡Cómo ha adelgazado Mercedes!
4. ¡Qué antipático se ha vuelto el vecino!
5. ¡Qué viejo está Javier! / ¡Cómo ha envejecido Javier!

5.
1. Resumen orientativo:
Gonzalo L. circulaba ilegalmente con una motocicleta por la carretera y haciendo maniobras acrobáticas atropelló a Carlos P. y Julio M. Como consecuencia, el primero tardó en curarse veinte días y el segundo, 426 días, además de las secuelas. Tras el correspondiente juicio, el juez ha condenado a Gonzalo L. por imprudencia temeraria a un año de prisión menor y privación de cuatro años del permiso de conducir y a indemnizar a Carlos P. en la cantidad de 50.000 pesetas y a Julio M. en 10 millones de pesetas.
2. Lesiones a Carlos P., que tardó en curar 20 días y lesiones a Julio (que necesitaron un tratamiento de 429 días) y secuelas.
3. Imprudencia temeraria.
4. a) 1 año
   b) 4 años sin permiso de conducir
   c) 50.000 pesetas a Carlos P. y 10 millones a Julio M.

6.
1. Amigos; pareja, matrimonio; amigos.
2. Raúl.—Lleva una vida peligrosa, realiza actividades clandestinas. Él decide lo que tienen qué hacer Eugenia y él. (No hay peros, tú ya conoces a Raúl). Nunca saben qué va a ser su vida en el futuro.
Eugenia.—Está enamorada de Raúl («yo me moriría si le pasara algo»). Lo sigue a donde él va y cuida de él, pero a la vez, está algo confusa, echa de menos una vida más tranquila («a los 18 años todos soñamos con casarnos con un ídolo. Pero después... no sé»). Desea ver casado a Santiago; insinúa que se casaría con él si no estuviera Raúl.
Santiago.—Es un buen amigo de los dos. Los ha ayudado siempre que ha podido, los echará de menos, no quiere que se vayan. Quiere a Eugenia, pero no puede admitirlo por lealtad a Raúl. «Tú te casarías con un hombre en función de las arañas», esta frase no sabemos bien qué quiere decir, es un estudioso de las arañas, tiene terror ante ellas, lo que sí está claro es que las arañas ocupan un lugar en su vida, y eso lo ve Santiago como un obstáculo para casarse.
3. «Tú empezaste, Eugenia».—Es decir, tú empezaste a hablar de amor; lo único que ha hecho Santiago es, después de intentar hacer ver a Eugenia que no debe decir eso, llamarla «amor», y eso molesta a Eugenia («imbécil»), que se debate en sus contradicciones.

7.
1. Le llevaré algo, aunque sea un ramo de flores.
2. Espero que me escriba, aunque sea una vez al año.
3. Me he propuesto leer todos los días, aunque sea media hora.
4. Tengo que hacer ejercicio, aunque sólo sea una o dos veces por semana.
5. Llámame de vez en cuando, aunque sea para decirme cómo estás.

8. 🎧

1. Ana ha confundido a la hija menor con la mayor, Amparo.
2. Es inspector de Hacienda en Sevilla.
3. Un mes.
4. Estudia 4º de Derecho.
5. Quiere casarse.
6. Con una chica alemana que conoció en uno de sus viajes de trabajo.
7. Están contentos porque les gusta la chica, y además, ellos se entienden muy bien.
8. Va a ser abuela.